super *fresh*

SCHNELLE UND FRISCHE GERICHTE FÜR JEDEN TAG

fotografiert von Con Poulos

Das englische Original des Buches ist unter dem Titel "Everyday fresh" 2020
bei HarperCollins Publishers Australien Pty Limited, Sydney, Australien erschienen.
This German edition published by arrangement with HarperCollins
Publishers Australia Pty Limited.

Rezepte und Styling: Donna Hay
Art Direction und Gestaltung: Genevieve McKelvey
Senior Designer: Hannah Schubert
Redaktion: Daniela Bertollo
Rezepttesterinnen: Peta Dent, Sarah Watson, Madeleine Jeffreys,
Sandy Goh and Melissa Burge

Aus dem Englischen übersetzt von Birgit van der Avoort

Projektleitung: Simone Kohl
Lektorat und Redaktion: Karen Dengler, Werkstatt München
Satz: Anja Dengler, Werkstatt München
Herstellung: Markus Plötz
Reproduktion: Ludwig Media, Zell am See
Druck und Bindung: Printer Trento, Italien

ISBN 978-3-8338-7798-8
2. Auflage 2020

Die GU-Homepage finden Sie unter www.gu.de

GRÄFE UND UNZER

Ein Unternehmen der
GANSKE VERLAGSGRUPPE

f www.facebook.com/gu.verlag

super *fresh*

SCHNELLE UND FRISCHE GERICHTE FÜR JEDEN TAG

inhalt

sehen

kochen · *lernen* · lieben

Finden Sie köstliche Inspiration, während Sie ERLEBEN, WIE REZEPTE aus *super fresh* mit Leben gefüllt werden.

Besuchen Sie mich unter
www.donnahay.com/video

einleitung

Sehr häufig werde ich gefragt, ob ich zu Hause überhaupt koche. Die Antwort lautet: Ja. *Auf jeden Fall.* Daher bin ich auch ständig auf der Suche nach Ideen, um für Sie Klassiker EINFACHER, SCHNELLER UND BESSER zu machen, solange diese dann noch immer *umwerfend gut schmecken*.

Wir alle wünschen uns, köstliche Mahlzeiten ohne viel Aufwand zuzubereiten. Wenn jedoch Begriffe wie *gesund* oder *nährstoffreich* ins Spiel kommen, schrecken viele gleich zurück … aus Angst, dieser Schub an Nährstoffen ginge auf Kosten des Geschmacks und der einfachen Zubereitung. Aber ich kann Ihnen versichern: Das passiert *niemals!*

Wenn ich im Handumdrehen ein Abendessen auf den Tisch zaubere oder schnelle Wohlfühlgerichte aus Pfanne und Ofen zubereite, die nicht nur glücklich machen und superköstlich sind, sondern NOCH MEHR NÄHRSTOFFE aus guten Zutaten liefern oder *etwas mehr Balance* in Ihr Leben bringen – dann ist das ein echter Erfolg!

Ich hoffe, dass diese Rezepte Sie inspirieren, *nahrhafte Köstlichkeiten auf neue Weise* zu entdecken!

Dana

A
Aus PFANNE
UND OFEN

Wenn ich ehrlich bin, dann ist das Zweitbeste nach einem MÜHELOSEN ABENDESSEN das schnelle Ab- und Aufräumen danach. Diese Wunderrezepte aus Pfanne und Ofen vereinen GUTE ZUTATEN UND FABELHAFTE AROMEN *in einem Gericht*. Wenn Sie Zubereitung und Servieren zwanglos halten, dann haben Sie ein beruhigendes Mittel gegen den Alltagsstress gefunden. *Ein echtes Erfolgsrezept!*

klebriges SOJAHÄHNCHEN mit *Sesamnudeln*

1 EL mildes Olivenöl extra vergine
150 g Sobanudeln (japanische Buchweizennudeln), gegart
2 Zucchini, mit dem Julienneschneider in Streifen geschnitten
2 EL weiße oder schwarze Sesamsamen
Korianderblätter zum Garnieren
Für die Hähnchenbällchen
600 g Hähnchenhackfleisch
50 g weiße Chia-Samen
2 Knoblauchzehen, zerdrückt
2 EL fein geriebener Ingwer
2 EL Hoisin-Sauce
1 große grüne Chilischote, fein gehackt
2 Frühlingszwiebeln, fein gehackt
Für die klebrige Sojasauce
125 ml Sojasauce
1 EL weiße Misopaste (Shiro)
180 ml Mirin (japanischer Reiswein)
1 EL Sesamöl
2 EL Reisessig
90 g Honig

Den Backofen auf 220° vorheizen.

Für die Hähnchenbällchen das Hackfleisch mit Chia-Samen, Knoblauch, Ingwer, Hoisin-Sauce, Chili und Frühlingszwiebeln mischen. Jeweils 1 gehäuften EL Hackfleisch abstechen und zu einem Bällchen formen. Die Bällchen auf ein mit Backpapier ausgelegtes Backblech legen und beiseitestellen.

Das Olivenöl auf einem Backblech mit hohem Rand verteilen und 5 Min. im vorgeheizten Ofen erhitzen. Die Fleischbällchen auf das Backblech legen und 5 Min. im Backofen braten.

Für die klebrige Sojasauce die Sojasauce mit Misopaste, Mirin, Sesamöl, Essig und Honig verquirlen. Das Blech aus dem Backofen nehmen und die Fleischbällchen mit der Sauce überziehen. Zurück in den Ofen stellen und die Bällchen 15 Min. braten, bis sie durchgegart sind und die Sauce eingedickt ist.

Zum Servieren Nudeln und Zucchini auf Bowls verteilen und mit Sesamsamen bestreuen. Die Fleischbällchen und die klebrige Sojasauce darauf anrichten und mit Koriander bestreuen. **FÜR 4 PERSONEN**

gerösteter AHORNSIRUP-CHILI-KÜRBIS mit *Quinoa-Taboulé*

2 kg Butternusskürbis, halbiert
2 EL Olivenöl extra vergine
1 EL Ahornsirup
1 TL Chiliflocken
Meersalz und schwarzer Pfeffer aus der Mühle
40 g Mandelkerne, geröstet und klein gehackt
Für das Quinoa-Taboulé
320 g gegarte Quinoa
8 g Minzblätter, zerzupft
60 g Rucola (wilde Rauke)
Für das Zitronen-Tahin-Dressing
140 g weißes Tahin (Sesampaste)
160 ml Zitronensaft (von 2–3 Zitronen)
250 ml Wasser
1 Knoblauchzehe, zerdrückt
Meersalzflocken

Den Backofen auf 220° vorheizen.

Die Kerne mit einem Löffel aus den Kürbishälften herauskratzen. Die Kürbishälften mit den Schnittflächen nach oben auf ein Backblech setzen. Mit der Spitze eines scharfen Messers das Kürbisfleisch mehrfach einschneiden. Olivenöl, Ahornsirup, Chili, Salz und Pfeffer verquirlen und das Kürbisfleisch damit bestreichen. Kürbishälften mit Alufolie abdecken und im vorgeheizten Backofen 20 Min. rösten. Dann die Folie entfernen und den Kürbis weitere 40 Min. rösten, bis das Fruchtfleisch goldbraun und weich ist.

Für das Quinoa-Taboulé in einer großen Schüssel gegarte Quinoa, Minze und Rucola mischen.

Für das Zitronen-Tahin-Dressing in einer kleinen Schüssel Tahin mit Zitronensaft, Wasser, Knoblauch und Salz und glatt rühren.

Die Kürbishälften auf einer Servierplatte anrichten und mit dem Taboulé garnieren. Mit dem Zitronen-Tahin-Dressing beträufeln und mit gerösteten Mandeln bestreut servieren. **FÜR 4 PERSONEN**

supergrüner GEBACKENER *Risotto*

1 EL Olivenöl extra vergine
1 Stange Lauch, in feine Ringe geschnitten
2 EL Zitronenthymianblätter
Meersalz und schwarzer Pfeffer aus der Mühle
300 g Arborio-Reis
1,25 l Gemüse- oder Hühnerbrühe
100 g Baby-Blattspinat
120 g Grünkohlblätter (Stiele entfernt), klein gehackt
2 TL fein abgeriebene Bio-Zitronenschale
1 EL Zitronensaft
4 EL grob gehackte Basilikumblätter
40 g Parmesan, fein gerieben

Den Backofen auf 180° vorheizen.

Das Olivenöl in einer großen ofenfesten Pfanne mit hohem Rand oder in einer feuerfesten Bratreine bei mittlerer Temperatur erhitzen. Lauch, Zitronenthymian, Salz und Pfeffer darin 5 Min. dünsten, bis der Lauch goldbraun und weich ist.

Den Reis und die Brühe hinzufügen und gut umrühren. Einen fest schließenden Deckel auflegen oder die Pfanne mit Alufolie abdecken und den Risotto im vorgeheizten Ofen 20 Min. garen. Aus dem Backofen nehmen und zugedeckt 5 Min. ruhen lassen.

Den Deckel oder die Folie abnehmen und Spinat, Grünkohl, Zitronenschale und -saft in den Risotto rühren. Weiterrühren, bis der Risotto cremig und das grüne Gemüse zart ist. Mit Basilikumblättern und Parmesan bestreuen und sofort servieren. **FÜR 4 PERSONEN**

Ich liebe diesen Risotto, der WENIG ARBEIT macht und nicht gerührt werden muss. *Er ist die perfekte Basis, um kreativ zu werden.* Ersetzen Sie den Grünkohl durch fein gehackten Brokkoli. Oder Sie halten es SUPEREINFACH und streuen nur einige tiefgekühlte Erbsen über den Risotto. *Sie haben die Wahl!*

auberginenschnitzel MIT Quinoa-*Parmesan-Kruste*

2 mittelgroße Auberginen (je etwa 350 g), geputzt und längs in 1,5 cm dicke Scheiben geschnitten
Meersalzflocken
150 g Quinoaflocken
40 g Parmesan, fein gerieben
schwarzer Pfeffer aus der Mühle
2 Eier, leicht verquirlt
Olivenöl extra vergine zum Beträufeln
500 g Kirschtomaten (mit Rispen)
Rucola, Mozzarella und Basilikumblätter zum Garnieren

Den Backofen auf 220° vorheizen.

Die Auberginenscheiben auf beiden Seiten mit etwas Salz bestreuen und das Salz 10 Min. einziehen lassen. Überschüssige Flüssigkeit abgießen und die Scheiben trocken tupfen.

Quinoa, Parmesan und Pfeffer in einer flachen Schüssel mischen.

Die Auberginenscheiben zuerst im verquirlten Ei und anschließend in der Quinoa-Mischung wenden.

Auberginen auf ein großes, mit Backpapier ausgelegtes Backblech legen und großzügig mit Olivenöl beträufeln. Die Tomaten an ihren Rispen dazulegen.

Im vorgeheizten Ofen 25–30 Min. rösten, bis die Auberginen goldbraun und knusprig sind.

Zum Servieren Auberginenschnitzel und Tomaten auf Tellern anrichten und mit Rucola, Mozzarella und Basilikum garnieren.

FÜR 4 PERSONEN

Ich habe hier Quinoaflocken verwendet, denn sie sind *ideal als Schnitzelpanade* und eine SUPERKNUSPRIGE, glutenfreie *Alternative zu Semmelbröseln*. Quinoa enthält außerdem nur GUTE NÄHRSTOFFE.

zitronige HÄHNCHENFILETS mit Oliven *und Limabohnen*

60 ml Olivenöl extra vergine
2 Bio-Zitronen, in dicke Scheiben geschnitten
8 Knoblauchzehen, ungeschält angedrückt
50 g grüne sizilianische Oliven
12 Zweige Oregano oder Majoran
Meersalz und schwarzer Pfeffer aus der Mühle
4 kleine Hähnchenbrustfilets (je 150 g), pariert
1 Dose Limabohnen (240 g Abtropfgewicht), abgespült und abgetropft
12 kleine Stängel Schwarzkohl (Cavolo nero), Stiele entfernt

Den Backofen auf 200° vorheizen.

Olivenöl, Zitronen, Knoblauch, Oliven, Oregano, Salz und Pfeffer in einer großen, mit Backpapier ausgelegten Bratreine verteilen und gut vermischen. 10 Min. im vorgeheizten Ofen garen, dann die Hähnchenfilets und die Limabohnen hinzufügen. Das Hähnchen mit dem Bratensatz beträufeln und alles weitere 10 Min. im Ofen garen. Den Schwarzkohl dazugeben und 5 Min. weitergaren, bis der Kohl knusprig ist und die Hähnchenfilets durchgegart sind.

Zum Servieren die Hähnchenfilets in dicke Scheiben schneiden und auf Tellern anrichten. Mit dem knusprigen Schwarzkohl, den Bohnen und Oliven garnieren und mit dem Bratensatz beträufeln.

FÜR 4 PERSONEN

Für ein Essen mit derart KRÄFTIGEN AROMEN und Texturen ist dieses Hähnchengericht *überraschend einfach in der Zubereitung.* Zitrone, Knoblauch, salzige Oliven, *cremige Bohnen und knuspriger Schwarzkohl* machen daraus etwas ganz Besonderes. Genau so wünsche ich mir ein PERFEKTES OFENGERICHT!

karamellisierter WEISSKOHL mit Rote-Bete-Salat *und Feta*

1 mittelgroßer Kopf Weißkohl, in 2,5 cm dicke „Steaks" geschnitten
2 EL Olivenöl extra vergine
Meersalz und schwarzer Pfeffer aus der Mühle
3 mittelgroße Rote Beten (je etwa 100 g), abgeschrubbt und in dünne Scheiben geschnitten
125 ml Aceto balsamico
1 EL brauner Zucker
½ TL Meersalzflocken
200 g Schafskäse (Feta), in Scheiben geschnitten
12 g Dillspitzen
12 g glatte Petersilienblätter

Den Backofen auf 220° vorheizen.

Die Kohlscheiben nebeneinander auf ein mit Backpapier ausgelegtes großes Backblech legen. Mit Olivenöl einpinseln, mit Salz und Pfeffer würzen und mit Alufolie abdecken. Anschließend 20 Min. im vorgeheizten Backofen braten. Die Folie entfernen und weitere 25 Min. braten, bis der Kohl dunkel gebräunt und karamellisiert ist.

Inzwischen die Rote Bete in einer Schüssel mit Essig, Zucker und Salz vermengen.

Zum Servieren auf die gebratenen Kohlscheiben Rote Bete, Schafskäse, Dill und Petersilie geben und mit der Einlegeflüssigkeit der Roten Bete beträufeln. **FÜR 4 PERSONEN**

So mag ich Weißkohl *am allerliebsten:* schön lange im Ofen gegart, bis er tief goldbraun KARAMELLISIERT ist. Dunkel gebratener Kohl birgt einen *ungeahnt köstlichen Genuss.* Rote Bete und Kräuter schaffen hier eine ERFRISCHENDE Balance an Aromen.

im ofen GEBACKENE Grünkohl-Gnocchi mit *Balsamico-Tomaten*

3 Dosen Kirschtomaten (je 400 g)
2 EL Aceto balsamico
4 Knoblauchzehen, in Scheiben geschnitten
2 Stängel Basilikum
500 ml Hühner- oder Gemüsebrühe
Meersalz und schwarzer Pfeffer aus der Mühle
1 EL Olivenöl extra vergine
fein geriebener Parmesan und Basilikumblätter zum Servieren
Für die Grünkohl-Gnocchi
120 g Grünkohlblätter, blanchiert, gut abgetropft, fein gehackt
2 TL fein abgeriebene Bio-Zitronenschale
80 g Parmesan, fein gerieben
480 g Ricotta
2 EL fein gehackte glatte Petersilienblätter
100 g Vollkorn-Reismehl, gesiebt, plus etwas mehr zum Bestäuben
Meersalz und schwarzer Pfeffer aus der Mühle

Den Backofen auf 220° vorheizen.

Tomaten, Essig, Knoblauch, Basilikumstängel, Brühe, Salz und Pfeffer in einer großen Bratreine mit hohem Rand verteilen. Mit Alufolie abdecken und 20 Min. im vorgeheizten Backofen schmoren, bis die Sauce leicht köchelt.

Inzwischen für die Gnocchi Grünkohl, Zitronenschale, Parmesan, Ricotta, Petersilie, Reismehl, Salz und Pfeffer in einer großen Schüssel vermengen (die Mischung sollte etwas klebrig sein).

Die Gnocchi-Mischung in vier gleich große Portionen teilen. Jede Portion auf einem leicht mit Mehl bestäubten Küchenbrett zu einer 30 cm langen Rolle formen. Jede Rolle in 4 cm breite Stücke schneiden, die Stücke ein wenig in Form drücken und beiseitestellen.

Die Gnocchi zu den geschmorten Balsamico-Tomaten in die Bratreine geben, mit 1 EL Olivenöl beträufeln und ohne Folie in etwa 15 Min. durchgaren.

Gnocchi und Balsamico-Tomaten in Bowls anrichten, mit Parmesan und Basilikumblättern bestreuen und servieren. **FÜR 4–6 PERSONEN**

Möhren-KIMCHI-Fritter *mit Chili-Ei*

500 g Möhren, geschält und mit dem Julienneschneider in Streifen geschnitten
200 g Blumenkohl, fein gerieben
280 g Kimchi, fein zerkleinert
4 Eier, leicht verquirlt
60 ml Milch
55 g Vollkorn-Reismehl
2 EL weiße Chia-Samen
Olivenöl extra vergine zum Braten
grüne Schlangenbohnen, blanchiert
in feine Ringe geschnittene Frühlingszwiebeln, Chilisauce und violette Shiso-Blätter zum Servieren

Für die Chili-Eier
1 EL Olivenöl extra vergine
2 rote Chilischoten, in feine Ringe geschnitten
1 TL fein geriebener Ingwer
4 Eier

Für die Fritter Möhren, Blumenkohl, Kimchi, verquirlte Eier, Milch, Reismehl und Chia-Samen in einer Schüssel zu einem Teig mischen.

Zwei mittelgroße beschichtete Pfannen bei mittlerer Temperatur erhitzen. Ein wenig Olivenöl hineingießen und 1 Schöpflöffel Teig in jede Pfanne geben. Den Teig gleichmäßig verteilen, sodass der Boden der Pfanne dünn bedeckt ist. Jeden Gemüsefritter von beiden Seiten in je 5–7 Min. goldbraun braten. Den restlichen Teig genauso verarbeiten und, falls nötig, noch etwas Olivenöl in die Pfannen geben. Die fertigen Fritter bis zum Servieren warm halten.

Für die Chili-Eier die Pfannen nochmals bei mittlerer Temperatur erhitzen und in jede Pfanne 1 TL Olivenöl geben.

In jede Pfanne zu gleichen Teilen Chili und Ingwer streuen und 1–2 Min. im Olivenöl garen. Dann 2 Eier separat verquirlen, jeweils 1 verquirltes Ei in eine Pfanne geben und durch Schwenken der Pfanne verteilen. 3–4 Min. braten, bis die Ränder des Omeletts schön knusprig sind. Die Omeletts auf ein Küchenbrett legen und locker aufrollen. Die übrigen beiden Eier genauso zu Omeletts braten und aufrollen. Die Omeletts anschließend in feine Streifen schneiden.

Zum Servieren die Fritter auf Teller verteilen und darauf jeweils Bohnen, Chili-Eier, Frühlingszwiebeln, Chilisauce und Shiso-Blätter anrichten. **FÜR 4 PERSONEN**

supergrünes REUBEN-Sandwich

2 EL Olivenöl extra vergine plus etwas mehr zum Bestreichen
2 Knoblauchzehen, in feine Scheiben geschnitten
2 EL grob gehackte Oreganoblätter
180 g Grünkohlblätter (Stiele entfernt), grob gehackt
300 g Baby-Blattspinat
2 EL klein gehackter Dill
125 g Frischkäse
1 EL Meerrettichcreme
150 g Sauerkraut, abgetropft
Meersalz und schwarzer Pfeffer aus der Mühle
8 Scheiben Roggen- oder Vollkorn-Weizenbrot
4 große Scheiben Schweizer Emmentaler
Dillgurken zum Servieren

Eine große beschichtete Pfanne bei mittlerer Temperatur erhitzen.

Das Olivenöl hineingeben und darin den Knoblauch mit dem Oregano in 2 Min. weich dünsten. Den Grünkohl portionsweise unterrühren, bis er zusammengefallen ist.

Spinat, Dill, Frischkäse, Meerrettich und Sauerkraut hinzufügen und 2 Min. unter Rühren garen, bis der Spinat zusammengefallen ist und die Zutaten sich verbunden haben. Mit Salz und Pfeffer würzen.

Die Grünkohl-Mischung auf 4 Scheiben Brot verteilen und die Brote mit je 1 Scheibe Käse und 1 Brotscheibe belegen.

Die Pfanne mit Küchenpapier auswischen und erneut bei mittlerer Temperatur erhitzen. Die Reuben-Sandwiche mit zusätzlichem Olivenöl bestreichen und von beiden Seiten je 4 Min. in der Pfanne rösten, bis sie gebräunt sind und der Käse geschmolzen ist. Mit den Dillgurken servieren. **FÜR 4 PERSONEN**

Ich mag es, wenn ein *Genuss mit Gewissensbissen* eine *gesunde Note* erhält, so wie dieses Reuben-Sandwich. Sie können ein absolut köstliches, KNUSPRIG geröstetes *Sandwich mit geschmolzenem Käse* genießen und bekommen trotzdem eine gute Dosis an GESUNDEM GEMÜSE.

Lamm-AUBERGINEN-PIE mit Feta und *Minzjoghurt*

3 mittelgroße Auberginen (je 350 g), quer in dünne Scheiben geschnitten
500 g hochwertiges mageres Lammhackfleisch
70 g frische Vollkorn-Brotbrösel
2 EL Honig
2 TL gemahlener Kreuzkümmel
4 EL gehackte Minzblätter plus etwas mehr zum Servieren
2 EL Pinienkerne
Meersalz und schwarzer Pfeffer aus der Mühle
150 g Schafskäse (Feta)
8 Zweige Oregano
1 TL Sumach
Olivenöl extra vergine zum Beträufeln
Für den Minzjoghurt
280 g dickcremiger griechischer Naturjoghurt
2 EL klein gezupfte Minzblätter
Meersalzflocken

Den Backofen auf 180° vorheizen.

Eine runde Backform von 28 cm Durchmesser mit Olivenöl einpinseln. Die Hälfte der Auberginen kreisförmig von der Mitte aus einschichten.

In einer großen Schüssel das Hackfleisch mit Brotbröseln, Honig, Kreuzkümmel, Minze, Pinienkernen sowie mit Salz und Pfeffer gut vermischen.

Hackfleisch auf den Auberginen verteilen und den Schafskäse darüber zerkrümeln. Restliche Auberginen wie zuvor einschichten. Oreganozweige darauf verteilen, alles mit Sumach bestreuen und mit Olivenöl beträufeln.

Im vorgeheizten Ofen 40–45 Min. backen, bis das Lammhackfleisch durchgegart ist und die Auberginen goldbraun sind.

Inzwischen für den Minzjoghurt Joghurt, Minze und Salz verrühren.

Zum Servieren den Pie auf Teller verteilen, darauf den Minzjoghurt anrichten und mit extra Minze bestreuen. **FÜR 4 PERSONEN**

Dies ist ein Pie, aber er ist so ganz anders, als Sie ihn vielleicht kennen. KLASSISCHE griechische Zutaten werden so in die Form geschichtet, dass sich die Aromen wunderbar ENTFALTEN. Der Pie ist *beeindruckend schmackhaft und im Handumdrehen zubereitet.*

Ruck-
ZUCK-DINNER

Wenn kaum Zeit zum Abendessen bleibt, und noch weniger, um es zuzubereiten, dann müssen schnelle Lösungen her – FRISCHE ZUTATEN, die gut schmecken und nicht viel Zeit brauchen, sondern RUCK, ZUCK fertig sind. Diese Rezepte rufen nach den HELDEN IN DER KÜCHE, die neue kulinarische Höhen erklimmen und mit frischem Gemüse, Kräutern und Gewürzen *Essen für zwei in wenigen Minuten* auf den Tisch bringen.

CHOCOLAT

pasta MIT KNOBLAUCH-BRÖSEL, Zitrone *und Ricotta*

200 g Vollkornspaghetti oder -linguine
2 EL Olivenöl extra vergine plus etwas mehr zum Beträufeln
2 Knoblauchzehen, in Scheiben geschnitten
2 Scheiben Sauerteigbrot, in kleine Stücke zerpflückt (mit Kruste)
1 EL Bio-Zitronenzesten
4 weiße Sardellenfilets, fein gehackt (nach Belieben)
4 EL zerzupfte glatte Petersilienblätter
30 g Rucola (wilde Rauke)
120 g Ricotta
fein geriebener Parmesan und Zitronenspalten (nach Belieben) zum Servieren

Die Nudeln in einem großen Topf mit kochendem Salzwasser in etwa 8 Min. bissfest garen. Abtropfen lassen und beiseitestellen.

Den Topf bei mittlerer Temperatur zurück auf den Herd stellen. Das Olivenöl erhitzen und Knoblauch und Brotbrösel darin unter Rühren goldbraun rösten. Zitronenzesten, nach Belieben die Sardellen, Nudeln, Petersilie und Rucola hinzufügen und alles gut vermischen.

Die Nudeln auf Teller verteilen und mit dem Ricotta garnieren. Zusätzlich mit etwas Olivenöl beträufeln und mit Parmesan bestreuen. Nach Belieben mit Zitronenspalten servieren. **FÜR 2 PERSONEN**

DIE EINFACHHEIT dieses Gerichts ist fantastisch und die *ausgewogenen Aromen werden Sie überraschen.* Wenn Sie keine Sardellen mögen, dann ersetzen Sie sie einfach durch SALZIGE KAPERN.

omelett NASI GORENG mit *Naturreis*

2 TL Speiseöl
1 große rote Chilischote, fein gehackt
1 EL fein geriebener Ingwer
2 Frühlingszwiebeln, in Ringe geschnitten, plus etwas mehr zum Garnieren
100 g Hähnchenhackfleisch
170 g gegarter Naturreis
1 EL Sojasauce
4 Eier, leicht verquirlt
60 ml Milch
Thai-Basilikum, Chilisauce und Ketjap Manis (süße Sojasauce) zum Servieren

In einer mittelgroßen beschichteten Pfanne das Öl bei mittlerer Temperatur erhitzen. Chili, Ingwer und Frühlingszwiebeln darin 1 Min. andünsten. Das Hähnchenhackfleisch hinzufügen und unter Rühren 3 Min. braten, bis es gerade durchgegart ist. Reis und Sojasauce hinzugeben und 1 Min. mitgaren.

Die Eier mit der Milch verrühren, in die Pfanne gießen und durch Schwenken der Pfanne gleichmäßig auf dem Boden der Pfanne und zwischen der Hähnchen-Reis-Mischung verteilen. 5–6 Min. braten, bis die Eier gerade gestockt sind.

Die Omeletts in Viertel schneiden und auf Teller verteilen. Mit den zusätzlichen Frühlingszwiebeln und den Basilikumblättern garnieren. Mit Chilisauce und Ketjap Manis servieren. **FÜR 2 PERSONEN**

Dieses Gericht ist *einfach perfekt,* um meine beiden liebsten RUCK-ZUCK-DINNER in nur einer Pfanne zuzubereiten! *Gibt's was Besseres?*

italienische GEBACKENE BOHNEN

2 EL Olivenöl extra vergine
1 EL salzige Kapern, gut abgespült
½ TL Chiliflocken
1 Knoblauchzehe, zerdrückt
2 Dosen Limabohnen (je 240 g Abtropfgewicht), abgespült und abgetropft
2 TL Bio-Zitronenzesten
2 EL Zitronensaft
4 EL glatte Petersilienblätter
2 große Scheiben Roggen- oder Vollkorn-Weizenbrot, geröstet
40 g Rucola (wilde Rauke)
fein geriebener Parmesan und Zitronenspalten (nach Belieben) zum Servieren

Das Olivenöl in einer großen Pfanne bei mittlerer Temperatur erhitzen. Die Kapern darin 1 Min. anrösten. Chili und Knoblauch hinzufügen und weitere 30 Sek. rösten. Bohnen und Zitronenzesten dazugeben und 3–4 Min. unter Rühren erwärmen. Den Zitronensaft und die Petersilie untermischen.

Zum Servieren die gerösteten Brotscheiben auf Teller legen und darauf Rucola, Bohnen und Parmesan anrichten. Nach Belieben die Zitronenspalten dazu reichen. **FÜR 2 PERSONEN**

CREMIGE weiße Bohnen werden durch einen *Hauch Chili, spritzige Zitrone und Kapern* sowie der würzig-pfeffrigen Note des Rucola vollkommen verwandelt. SUPERLECKER!

nudelsuppe MIT Hoisin-*Hackfleischklößchen*

1 l Hühnerbrühe
3 Scheiben frischer Ingwer
80 g Reisnudeln
6 Stängel Choi Sum (chinesischer Blattkohl), geputzt und halbiert
2 Frühlingszwiebeln, schräg in Scheiben geschnitten
1 grüne Chilischote, in Ringe geschnitten
8 Stängel Koriandergrün
Für die Klöße
200 g Schweinehackfleisch+
2 EL Hoisin-Sauce
1 EL fein geriebener Ingwer
2 EL Panko (japanische Semmelbrösel)
1 EL gehackte Korianderblätter

Für die Klöße Hackfleisch, Hoisin-Sauce, geriebenen Ingwer, Semmelbrösel und Koriander in einer Schüssel gründlich mischen.

Für die Nudelsuppe die Hühnerbrühe und die Ingwerscheiben in einem Topf bei schwacher bis mittlerer Hitze 2 Min. köcheln lassen.

Jeweils 1 EL Hackfleisch abstechen und zu einem kleinen Kloß formen. Die Klöße in der Brühe 5 Min. garen. Die gegarten Fleischklöße auf Suppenschalen verteilen. Die Nudeln in der Brühe in 2 Min. weich garen. Mit einer Küchenzange in die Suppenschalen heben.

Den Choi Sum in die Brühe geben und 30 Sek. blanchieren. Den Blattkohl mit der Brühe auf die Suppenschalen verteilen. Mit Frühlingszwiebeln, Chili und Koriander garnieren und servieren.

FÜR 2 PERSONEN

+ Nach Belieben das Schweinehackfleisch durch Hähnchenhackfleisch ersetzen.

Diese Klöße bereite ich zu, wenn ich *wenig Zeit für Vorbereitungen* habe. Sie sind einfach KÖSTLICH – *ganz viel Geschmack und dabei absolut unkompliziert.*

pizza MIT ARTISCHOCKE, Mozzarella *und Oliven*

2 dünne Fladenbrote (libanesische)
80 ml passierte Tomaten
5 eingelegte Artischockenherzen, halbiert
12 Kirschtomaten, Kerne ausgedrückt
150 g grüne Oliven (ohne Stein)
2 EL Oreganoblätter
10 dünne Scheiben Mozzarella, mit Küchenpapier trocken getupft
25 g Parmesan, fein gerieben
Basilikumblätter und Aceto balsamico oder dickliche Balsamico-Glasur (nach Belieben) zum Servieren

Den Backofen auf 220° vorheizen.

Die Fladenbrote auf zwei große, mit Backpapier ausgelegte Backbleche geben. Jedes Fladenbrot mit der Hälfte der passierten Tomaten bestreichen und mit Artischocken, Tomaten, Oliven und Oregano belegen. Im vorgeheizten Backofen 8 Min. backen.

Zum Servieren Mozzarella, Parmesan und Basilikum auf der heißen Pizza verteilen und nach Belieben mit Aceto balsamico beträufeln.

FÜR 2 PERSONEN

Bei dieser Pizza hat der *Pizzaservice keine Chance.* Sie müssen auf dem Weg nach Hause nur kurz beim FEINKOSTHÄNDLER halten. *Knuspriger Genuss ist dann garantiert.*

Warmer LINSENSALAT MIT Zitronenjoghurt *und Räucherlachs*

1 EL Olivenöl extra vergine
1 rote Zwiebel, in dünne Ringe geschnitten
1 Dose Linsen (240 g Abtropfgewicht), abgespült und abgetropft
60 g Grünkohlblätter (Stiele entfernt), klein geschnitten
1 EL Rotweinessig
Meersalz und schwarzer Pfeffer aus der Mühle
1 TL fein abgeriebene Bio-Zitronenschale
140 g dickcremiger griechischer Naturjoghurt
6 Scheiben geräucherter oder gebeizter Lachs
Zitronenspalten zum Servieren (nach Belieben)

Das Olivenöl in einer großen Pfanne bei mittlerer Temperatur erhitzen. Darin die Zwiebelringe in etwa 3 Min. weich dünsten. Linsen und Grünkohl hinzufügen und 3 Min. garen, bis der Grünkohl zusammengefallen ist und die Linsen durchgewärmt sind. Den Rotweinessig untermischen und alles mit Salz und Pfeffer würzen. Den Salat auf Teller verteilen.

Die Zitronenschale unter den Joghurt rühren und den Zitronenjoghurt auf die Linsen löffeln. Mit dem Räucherlachs garnieren und nach Belieben mit Zitronenspalten servieren. **FÜR 2 PERSONEN**

Dieses unkomplizierte LAST-MINUTE-DINNER aus der Pfanne ist blitzschnell zubereitet und entpuppt sich als *absolutes Wohlfühlessen*. Es wird auf Ihrer Liste der SCHNELLEN GERICHTE ganz sicher weit oben rangieren.

spinat-SOUFFLÉ-*Omelett*

200 g Baby-Blattspinat, blanchiert und klein geschnitten
2 EL fein gehackte Dillspitzen
2 EL fein gehackte glatte Petersilienblätter
4 Eier, getrennt
60 ml Milch
40 g Parmesan, fein gerieben, plus etwas mehr zum Garnieren
Meersalz und schwarzer Pfeffer aus der Mühle
1 EL Olivenöl extra vergine
geröstetes Vollkornbrot zum Servieren

Spinat, Dill, Petersilie, Eigelbe, Milch, Parmesan, Salz und Pfeffer in einer Schüssel gründlich verrühren.

Die Eiweiße in einer sauberen Schüssel zu Schnee schlagen, bis sich weiche Spitzen bilden. Den Eischnee unter die Spinatmasse heben.

Das Olivenöl in einer Pfanne bei mittlerer Temperatur erhitzen. Die Omelett-Mischung hineingeben und 4–5 Min. braten, bis sie gerade gestockt ist. Zusammenklappen und weitere 2 Min. braten.

Mit dem extra Parmesan bestreuen und das geröstete Brot dazu servieren. **FÜR 2 PERSONEN**

Genießen Sie einen HAUCH VON ELEGANTER Leichtigkeit *ohne viel Aufwand* mit diesem super-einfachen Omelett aus der Pfanne.

falsche GRÜNKOHL-ZITRONEN-GÖZLEME mit *Feta*

90 g Grünkohlblätter (ohne Stiele), klein geschnitten
100 g Baby-Blattspinat
1 EL abgeriebene Bio-Zitronenschale
150 g Schafskäse (Feta), zerkrümelt
Meersalz und schwarzer Pfeffer aus der Mühle
3 Fladenbrote oder indische Roti (Chapati)
180 g Ricotta
Olivenöl extra vergine zum Braten
Zitronenspalten zum Servieren

Den Grünkohl in einer hitzefesten Schüssel mit kochendem Wasser bedecken und etwa 2 Min. blanchieren. Grünkohl gut abtropfen lassen, dann mit Spinat, Zitronenschale, Schafskäse, Salz und Pfeffer mischen.

Ein Fladenbrot mit einem Drittel des Ricottas bis zum Rand bestreichen, anschließend ein Drittel der Grünkohlmischung auf einer Hälfte des Brots verteilen. Das Fladenbrot in der Mitte zusammenklappen, dabei die Ränder fest andrücken, damit nichts herauslaufen kann. Übrige Fladenbrote mit Ricotta und Grünkohlmix genauso verarbeiten.

Etwas Olivenöl in einer großen Pfanne bei mittlerer Temperatur erhitzen. Die Fladenbrote darin 3–4 Min. von jeder Seite rösten, bis sie goldgelb und knusprig sind. Jedes Fladenbrot in der Mitte durchschneiden und mit Zitronenspalten servieren. **FÜR 2 PERSONEN**

Eine knusprige, krosse und um vieles GESÜNDERE Variante des überbackenen Sandwiches. Und zudem noch *viel schmackhafter. Bitte schön!*

gehobelter KÜRBISSALAT MIT Räucherforelle und *Zitronendressing*

400 g gelbes Kürbisfruchtfleisch, in feine Scheiben gehobelt
8 g kleine Minzblätter
6 g Dillspitzen
20 g Brunnenkresse
200 g heißgeräucherte Forellenfilets, in Stücke zerteilt
Für das Zitronendressing
1 EL klein geschnittene Schale von 1 eingelegten Salzzitrone (weiße Haut entfernt), abgespült und in feine Streifen geschnitten
1 EL Honig
1½ EL Olivenöl extra vergine
2 TL Zitronensaft
Meersalzflocken

Für das Dressing in einer kleinen Schüssel die Zitronenschale mit Honig, Olivenöl und Zitronensaft verrühren. Mit Salz würzen.

In einer großen Schüssel Kürbis, Minze, Dill und Brunnenkresse anrichten und mit dem Zitronendressing beträufeln.

Zum Servieren den Kürbissalat auf Tellern anrichten und mit der Räucherforelle garnieren. **FÜR 2 PERSONEN**

Wenn ich diese HAUCHDÜNNEN UND KNACKIGEN rohen Kürbisscheiben genossen habe, *fällt es mir immer schwer, wieder gegarten Kürbis zu essen.* Mit seinem pikant fruchtigen Dressing und FRISCHEN KRÄUTERN *ist dieser Salat in jeder Hinsicht einfach wundervoll!*

minzpesto-BROKKOLI-BOWL *mit Ofentomaten*

250 g Kirschtomaten (mit Rispen)
1½ EL Olivenöl extra vergine
Meersalz und schwarzer Pfeffer aus der Mühle
100 g Vollkornspaghetti
500 g Brokkoli (1 großer Kopf)
40 g Mandelkerne, grob gehackt
1 TL fein abgeriebene Bio-Zitronenschale
1 Knoblauchzehe, in feine Scheiben geschnitten
8 g Minzblätter, fein geschnitten
1 EL Zitronensaft
20 g Parmesan, fein gerieben, plus etwas mehr zum Servieren
125 g Labneh (orientalischer Frischkäse) zum Servieren

Den Backofen auf 220° vorheizen.

Ein Backblech mit Backpapier auslegen. Die Tomaten an ihren Rispen auf dem Backblech verteilen und mit der Hälfte des Olivenöls beträufeln. Mit Salz und Pfeffer würzen. Im vorgeheizten Backofen 10 Min. garen, bis die Haut der Tomaten Blasen wirft.

Die Nudeln in einem großen Topf mit kochendem Salzwasser in etwa 8 Min. bissfest garen. Abtropfen lassen und beiseitestellen.

Während die Tomaten und die Nudeln garen, den Brokkoli auf einer Kastenreibe mit Auffangbehälter fein reiben und beiseitestellen.

Das restliche Olivenöl in einer großen beschichteten Pfanne erhitzen und Mandeln, Zitronenschale und Knoblauch darin 2 Min. braten, bis die Mandeln leicht geröstet sind. Die Hitze erhöhen und den Brokkoli in zwei Portionen unter Rühren 3 Min. braten, bis er weich ist. Mit Minze, Zitronensaft, Parmesan, Salz und Pfeffer mischen.

Zum Servieren die Nudeln auf tiefe Teller verteilen, darauf Minzpesto-Brokkoli, Tomaten und Labneh anrichten und mit extra Parmesan bestreuen. **FÜR 2 PERSONEN**

Diese LEUCHTEND GRÜNE Brokkoli-Bowl ist zu unserem *Lieblingsessen im Büro* geworden. Sie ist einfach in der Zubereitung, aber ganz GROSS durch ihre *wunderbaren Aromen.*

Einfach AUSGETAUSCHT

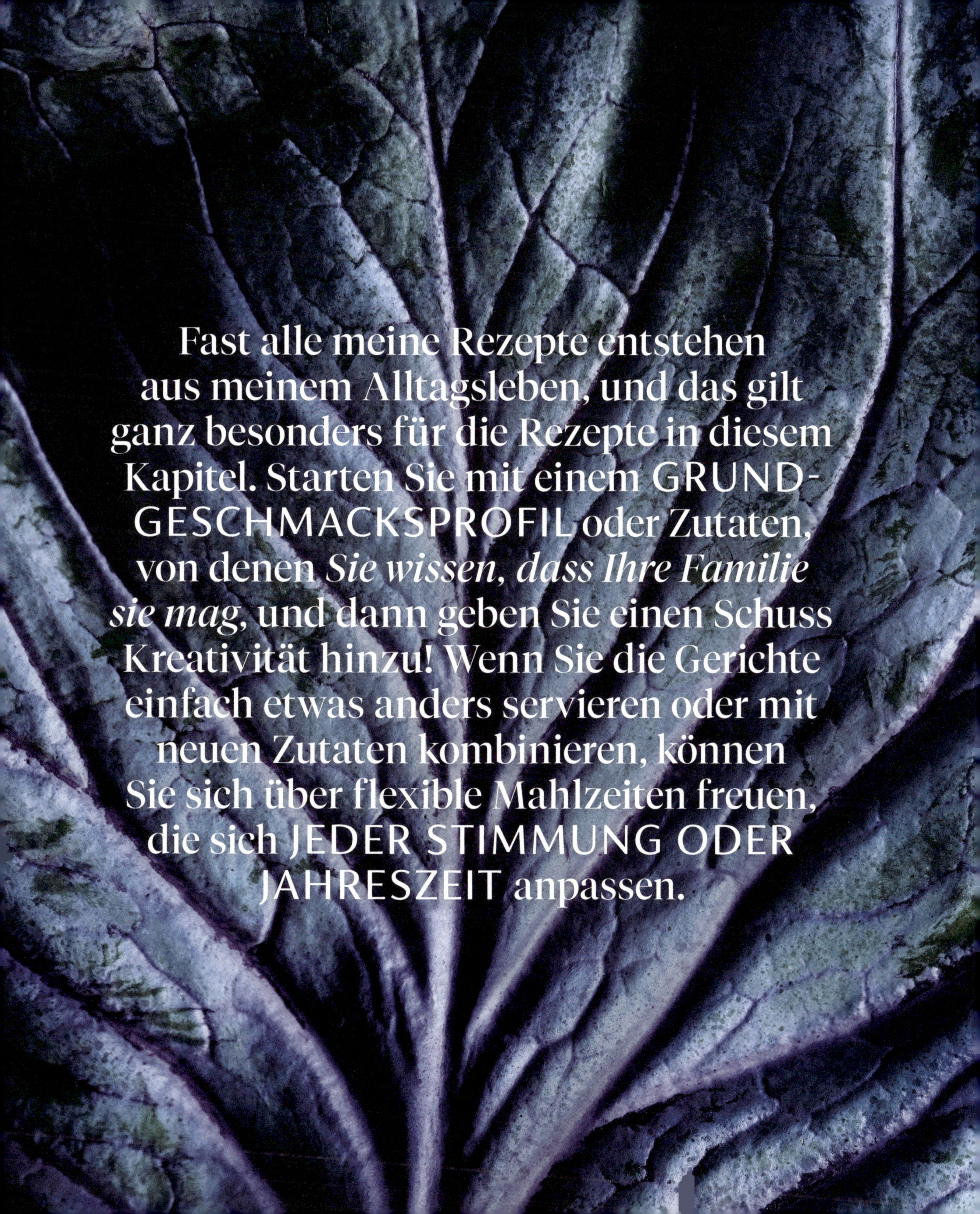

Fast alle meine Rezepte entstehen aus meinem Alltagsleben, und das gilt ganz besonders für die Rezepte in diesem Kapitel. Starten Sie mit einem GRUNDGESCHMACKSPROFIL oder Zutaten, von denen *Sie wissen, dass Ihre Familie sie mag*, und dann geben Sie einen Schuss Kreativität hinzu! Wenn Sie die Gerichte einfach etwas anders servieren oder mit neuen Zutaten kombinieren, können Sie sich über flexible Mahlzeiten freuen, die sich JEDER STIMMUNG ODER JAHRESZEIT anpassen.

klebriges MISO-HÄHNCHEN auf Sesam-Kürbis *gebraten*

1,5 kg Butternusskürbis, Schale abgeschrubbt, in feine Scheiben geschnitten
2 EL Olivenöl extra vergine
2 EL Sesamsamen plus etwas mehr zum Bestreuen
Meersalzflocken
in feine Streifen geschnittene Frühlingszwiebeln und Korianderblätter zum Garnieren
Für das Miso-Hähnchen
95 g weiße Misopaste (Shiro)
1 EL Sesamöl
1 EL Sojasauce
60 ml Mirin (japanischer Reiswein)
2 EL Rohrohrzucker
1 EL brauner Reisessig
6 Hähnchenschenkelfilets (je 125 g), pariert und halbiert

Den Backofen auf 220° vorheizen.

Kürbis, Olivenöl, Sesamsamen und Salz in einer Schüssel gründlich mischen. Ein Backblech mit hohem Rand mit Backpapier auslegen und den Kürbis darauf verteilen. Im vorgeheizten Backofen 20 Min. backen.

Für das Miso-Hähnchen die Misopaste mit Sesamöl, Sojasause, Mirin, Zucker und Essig in einer großen Schüssel glatt rühren. Die Hähnchenstücke darin wenden, bis sie vollständig mit Marinade überzogen sind. Bis zur weiteren Verwendung beiseitestellen.

Wenn der Kürbis 20 Min. im Backofen gegart hat, die Miso-Hähnchenstücke auf den Kürbisscheiben verteilen und mit der restlichen Miso-Marinade beträufeln. 20 Min. im Backofen braten, bis die Hähnchenfilets durchgegart und zart sind.

Auf Tellern anrichten, mit extra Sesamsamen bestreuen und mit Frühlingszwiebeln und Koriander garnieren. **FÜR 4 PERSONEN**

Mit der PERFEKTEN BALANCE von salzig und süß ist das *Miso-Hähnchen der absolute Star* in diesen Rezepten. Werden Sie kreativ, indem Sie Gemüse und Kräuter EINFACH AUSTAUSCHEN und so dem Ganzen eine köstliche neue Wendung geben. *Meinen Segen haben Sie*!

klebriges MISO-HÄHNCHEN auf Brokkolini *gebraten*

1 Rezeptmenge rohes Miso-Hähnchen (s. S. 62)
800 g Brokkolini, geputzt
60 ml Mirin (japanischer Reiswein)
2 EL Honig
1 EL Sojasauce
2 EL Mandelstifte

Den Backofen auf 220° vorheizen.

Die Miso-Hähnchenstücke in die Marinade einlegen und bis zur Verwendung beiseitestellen.

Den Brokkolini auf ein großes, mit Backpapier ausgelegtes Backblech legen. In einer Schüssel Mirin, Honig, Sojasauce und Mandelstifte verrühren. Über den Brokkolini löffeln, die Miso-Hähnchenstücke dara verteilen und mit der restlichen Marinade beträufeln

Etwa 20 Min. im vorgeheizten Backofen braten, bis die Hähnchenstücke durchgegart und zart sind.

Auf Tellern anrichten und servieren. **FÜR 4 PERSONEN**

klebriges MISO-HÄHNCHEN auf Soja-Auberginen *gebraten*

2 mittelgroße Auberginen (je 350 g), in dünne Scheiben geschnitten
1 EL Sesamöl
2 EL Sojasauce
1 EL Honig
1 Rezeptmenge rohes Miso-Hähnchen (s. S. 62)
Basilikumblätter zum Garnieren

Den Backofen auf 220° vorheizen.

Die Auberginenscheiben auf ein großes, mit Backpapier ausgelegtes Backblech legen. Das Sesamöl mit Sojasauce und Honig verrühren. Die Auberginen damit beträufeln und im vorgeheizten Backofen 20 Min. braten.

Inzwischen das Miso-Hähnchen in die Marinade einlegen.

Nach 20 Min. Garzeit der Auberginen, das Miso-Hähnchen auf den Auberginen verteilen und mit der übrigen Marinade beträufeln. 20 Min. im Backofen braten, bis die Hähnchenstücke durchgegart und zart sind. Mit den Basilikumblättern garniert servieren. **FÜR 4 PERSONEN**

Kichererbsen-PATTYS mit grünem Tahin *und Roter Bete*

4 Burger-Brötchen mit Sesam- oder anderen Samen, halbiert
2 große Rote Beten, geschält und geraspelt
kleine Rote-Bete- oder Römersalatblätter zum Servieren
gesalzene Süßkartoffelchips zum Servieren
Für die Kichererbsen-Pattys
2 Dosen Kichererbsen (je 240 g Abtropfgewicht), abgespült und abgetropft
2 EL weiße Chia-Samen
90 g stückige Erdnussbutter
1 EL Sriracha-Sauce (scharfe Chilisauce)
1½ TL gemahlener Kreuzkümmel
1 Möhre, fein geraspelt
50 g Grünkohlblätter (ohne Stiele), fein gehackt
Meersalz und schwarzer Pfeffer aus der Mühle
1–2 EL Olivenöl extra vergine
Für das grüne Tahin
210 g weißes Tahin (Sesampaste)
125 ml Zitronensaft
80 ml Wasser
4 g Korianderblätter
5 g Minzblätter
8 g glatte Petersilienblätter

Für die Pattys Kichererbsen mit Chia-Samen, Erdnussbutter, Sriracha-Sauce und Kreuzkümmel in der Küchenmaschine grob hacken.

Möhren, Grünkohl, Salz und Pfeffer hinzufügen und nochmals kurz durchmixen, bis sich die Zutaten gerade eben verbunden haben. Aus der Masse 4 große flache Pattys formen.

Das Olivenöl in einer großen beschichteten Pfanne bei mittlerer Temperatur erhitzen. Die Pattys darin von jeder Seite 6 Min. braten, bis sie goldbraun und knusprig sind.

Inzwischen für das grüne Tahin Sesampaste, Zitronensaft, Wasser, Koriander, Minze, Petersilie sowie Salz und Pfeffer im Mixer oder Blitzhacker glatt pürieren.

Die Brötchenhälften mit dem grünen Tahin bestreichen und geraspelte Rote Bete, Salatblätter und Kichererbsen-Pattys auf die unteren Hälften verteilen. Die oberen Brötchenhälften auflegen und die Burger mit den Süßkartoffelchips servieren. **FÜR 4 PERSONEN**

Kichererbsen-PATTYS mit *Zitronenmayonnaise und Parmesan-Pickles*

Radicchioblätter zum Servieren
4 Burger-Brötchen mit Sesam- oder anderen Samen, halbiert
1 Rezeptmenge gebratene Kichererbsen-Pattys (s. S. 66)
Mini-Shiso-Blätter zum Servieren (nach Belieben)

Für die Zitronenmayonnaise
100 g Mayonnaise
Saft von ½ Zitrone

Für die Parmesan-Pickles
6–8 Gewürzgurken, längs halbiert
20 g Parmesan, fein gerieben

Für die Zitronenmayonnaise in einer Schüssel die Mayonnaise mit dem Zitronensaft glatt rühren.

Für die Pickles die Schnittflächen der Gurken in den Parmesan drücken. Eine beschichtete Pfanne erhitzen und darin die Gurken mit der Parmesan-Seite nach unten in 3–4 Min. goldbraun braten.

Den Radicchio auf den unteren Hälften der Brötchen verteilen, die Pattys daraufsetzen und mit Zitronenmayonnaise und Shiso-Blättern garnieren. Die obere Hälfte der Brötchen auflegen und die Burger mit den Parmesan-Pickles servieren. **FÜR 4 PERSONEN**

Kichererbsen-PATTYS mit *Miso-Mayonnaise und Möhrensalat*

4 Burger-Brötchen mit Sesam- oder anderen Samen, halbiert
1 Rezeptmenge gebratene Kichererbsen-Pattys (s. S. 66)
kleine Korianderblätter zum Garnieren
gesalzene Kartoffelchips zum Servieren
Für den Möhrensalat
1 Möhre, in Juliennestreifen geschnitten
180 g Weißkohl, fein gehobelt
2 Frühlingszwiebeln, in Streifen geschnitten
2 TL Apfelessig
Meersalzflocken

Für die Miso-Mayonnaise
150 g Mayonnaise
1½ TL weiße Misopaste (Shiro)

Für den Möhrensalat Möhre, Kohl, Frühlingszwiebeln, Essig und Salz vermischen. Für die Miso-Mayonnaise Mayonnaise und Misopaste glatt rühren.

Die Brötchenhälften mit Mayonnaise bestreichen. Auf die unteren Hälften Salat, Pattys, Mayonnaise und Koriander geben und die oberen Hälften auflegen. Mit den Chips servieren. **FÜR 4 PERSONEN**

Lasagne MIT *Minzspinat*

6 frische Lasagneblätter, blanchiert
20 g Parmesan, fein gerieben
Für die Blumenkohl-Käse-Sauce
500 ml Milch
1 kg Blumenkohl, in kleine Röschen zerteilt
60 g Parmesan, fein gerieben
Meersalz und schwarzer Pfeffer aus der Mühle
Für den Minzspinat
500 g Baby-Blattspinat
4 EL gehackte Minzeblätter
4 EL feine Schnittlauchröllchen
Meersalz und schwarzer Pfeffer aus der Mühle

Den Backofen auf 220° vorheizen.

Für die Blumenkohl-Käse-Sauce in einem Topf die Milch mit den Blumenkohlröschen bei schwacher Hitze fast zum Kochen bringen. Einen fest schließenden Deckel auflegen und den Blumenkohl in 8–10 Min. bei sehr schwacher Hitze weich köcheln. Leicht abkühlen lassen. Mit einem Pürierstab glatt pürieren, dann Parmesan, Salz und Pfeffer unterrühren.

Für den Minzspinat in einer hitzefesten Schüssel den Spinat mit kochendem Wasser übergießen. Etwa 30 Sek. beiseitestellen, dann abseihen und abtropfen lassen. Den Spinat zwischen mehrere Lagen Küchenpapier legen und die Restflüssigkeit ausdrücken. Grob hacken und in einer sauberen Schüssel mit Minze, Schnittlauch, Salz und Pfeffer mischen.

Zum Schichten der Lasagne den Boden von zwei leicht gefetteten Auflaufformen oder ofenfesten Pfannen von 16–18 cm Durchmesser mit je 1 Lasagneblatt auslegen. Darauf jeweils knapp 200 ml Blumenkohl-Käse-Sauce und dann ein Viertel des Spinats verteilen. Das Schichten mit den restlichen Lasagneblättern, der Blumenkohl-Käse-Sauce und dem Minzspinat wiederholen und mit der übrigen Sauce enden. Mit Parmesan bestreuen und die Formen oder Pfannen auf ein Backblech setzen. Die Lasagne im vorgeheizten Ofen etwa 25 Min. backen, bis sie goldbraun ist. Mit extra Parmesan bestreut servieren.

FÜR 4 PERSONEN

Lasagne MIT *Schwarzkohl*

180 g Schwarzkohl (Cavolo nero), blanchiert und in Streifen geschnitten
2 EL gehackter Dill
Meersalz und schwarzer Pfeffer aus der Mühle
6 frische Lasagneblätter, blanchiert
1 Rezeptmenge Blumenkohl-Käse-Sauce (s. S. 70)
20 g Parmesan, fein gerieben
8 dünne Scheiben Pancetta, halbiert

Den Backofen auf 220° vorheizen. Schwarzkohl, Dill, Salz und Pfeffer in einer Schüssel mischen.

Zum Schichten der Lasagne zwei leicht gefettete Auflaufformen oder ofenfeste Pfannen von 16–18 cm Durchmesser mit je 1 Lasagneblatt auslegen. Darauf jeweils knapp 200 ml Blumenkohl-Käse-Sauce und dann ein Viertel des Kohls verteilen. Das Schichten mit den restlichen Zutaten wiederholen und mit Sauce enden. Mit Parmesan und Pancetta bestreuen und die Formen oder Pfannen auf ein Backblech setzen. Die Lasagne im Ofen in etwa 25 Min. goldbraun backen. **FÜR 4 PERSONEN**

Lasagne MIT *Salbei und Kürbis*

1,5 kg Kürbis, geschält und in 1 cm dicke Scheiben geschnitten
1 EL Olivenöl extra vergine
8 g Salbeiblätter plus etwas mehr zum Garnieren
Meersalz und schwarzer Pfeffer aus der Mühle
6 frische Lasagneblätter, blanchiert
1 Rezeptmenge Blumenkohl-Käse-Sauce (s. S. 70)
20 g Parmesan, fein gerieben

Den Backofen auf 200° vorheizen. Den Kürbis auf einem mit Backpapier ausgelegten Backblech mit Olivenöl beträufeln und mit Salbei, Salz und Pfeffer bestreuen. Im Ofen 20 Min. rösten. Nach 10 Min. einmal wenden.

Die Temperatur auf 220° erhöhen. Zwei leicht gefettete Auflaufformen oder ofenfeste Pfannen von 16–18 cm Durchmesser mit je 1 Lasagneblatt auslegen. Darauf jeweils knapp 200 ml Sauce und dann ein Viertel des Kürbisses verteilen. Das Schichten mit den restlichen Zutaten wiederholen und mit Sauce enden. Mit Parmesan und extra Salbei bestreuen und die Formen oder Pfannen auf ein Backblech setzen. Die Lasagne im Ofen in etwa 25 Min. goldbraun backen. **FÜR 4 PERSONEN**

Zucchini-RAVIOLI mit dreierlei Käse *auf Ofen-Tomatensauce*

Olivenöl extra vergine zum Bestreichen
Basilikumblätter zum Garnieren
Für die Ofen-Tomatensauce
750 g Kirschtomaten
2 EL Olivenöl extra vergine
6 kleine Zweige Thymian
125 ml Hühner- oder Gemüsebrühe
2 EL Rotweinessig
1 EL Ahornsirup
Meersalz und schwarzer Pfeffer aus der Mühle
Für die Zucchini-Ravioli
360 g Ricotta
40 g Parmesan, fein gerieben, plus etwas mehr zum Servieren
150 g Ziegenweichkäse
2 EL Schnittlauchröllchen
Meersalz und schwarzer Pfeffer aus der Mühle
6 Zucchini, mit einem Gemüsehobel in dünne Bänder geschnitten

Den Backofen auf 200° vorheizen.

Für die Ofen-Tomatensauce jede Tomate einritzen, die Kerne herausdrücken und wegwerfen. Die Tomaten in eine große Auflaufform geben, Olivenöl, Thymian, Brühe, Essig, Ahornsirup, Salz und Pfeffer hinzufügen und die Tomaten 20 Min. im vorgeheizten Backofen garen, bis sie weich sind.

Inzwischen für die Ravioli Ricotta mit Parmesan, Ziegenkäse, Schnittlauch, Salz und Pfeffer glatt rühren. 4 Zucchinibänder sternförmig auf ein Küchenbrett legen, sie sollen sich also alle in der Mitte überlappen. 1 gehäuften EL der Käsemischung in die Mitte geben, dann die Zucchinibänder darüberklappen, um die Käsemischung einzupacken. Umdrehen, damit die Zucchini-Enden auf der Unterseite liegen. Restliche Zucchini und Käsemischung genauso verarbeiten.

Die Zucchini-Ravioli auf die warme Tomatensauce legen. Mit Olivenöl bestreichen und im Backofen 20 Min. garen, bis die Ränder der Zucchini goldgelb sind. Mit dem extra Parmesan und den Basilikumblättern bestreut servieren. **FÜR 4 PERSONEN**

Zucchini-RAVIOLI mit Spinat *und Ricotta*

1 Rezeptmenge nicht gegarte Ofen-Tomatensauce (s. S. 74)
320 g Ricotta
25 g Parmesan, fein gerieben, plus etwas mehr zum Servieren
200 g TK-Blattspinat, aufgetaut (überschüssige Flüssigkeit abgegossen) und klein gehackt
2 EL gehackter Dill
Meersalz und schwarzer Pfeffer aus der Mühle
6 Zucchini, in dünne Bänder gehobelt
Olivenöl extra vergine zum Bestreichen
Blutampferblätter zum Servieren

Backofen auf 200° vorheizen. Die Tomatensauce garen. Inzwischen Ricotta mit Parmesan, Spinat, Dill, Salz und Pfeffer verrühren. 4 Zucchinibänder sternförmig auf ein Küchenbrett legen und 1 gehäuften EL des Ricotta-Spinats in die Mitte geben. Zucchinibänder darüberklappen, um die Füllung einzupacken. Übrige Zucchini und Ricotta-Spinat genauso verarbeiten. Die Ravioli mit den Zucchini-Enden nach unten auf die warme Tomatensauce legen. Mit Öl bestreichen und im Ofen in 20 Min. goldgelb garen. Mit extra Parmesan und dem Blutampfer bestreut servieren. **FÜR 4 PERSONEN**

Zucchini-RAVIOLI mit Hähnchen, *Grünkohl und Pinienkernen*

1 Rezeptmenge nicht gegarte Ofen-Tomatensauce (s. S. 74)
50 g Grünkohlblätter, blanchiert und klein gehackt
150 g Hähnchenhackfleisch
120 g Ricotta
3 EL gehackte glatte Petersilienblätter
40 g Pinienkerne, geröstet, plus etwas mehr zum Garnieren
1 EL fein abgeriebene Bio-Zitronenschale
Meersalz und schwarzer Pfeffer aus der Mühle
6 Zucchini, in dünne Bänder gehobelt
Olivenöl extra vergine zum Bestreichen

Backofen auf 200° vorheizen. Die Tomatensauce garen. Inzwischen Grünkohl, Hackfleisch, Ricotta, 2 EL Petersilie, Pinienkerne, Zitrone, Salz und Pfeffer mischen. 4 Zucchinibänder sternförmig auf ein Küchenbrett legen und 1 gehäuften EL der Fleischmasse in die Mitte geben. Zucchinibänder darüberklappen, um die Füllung einzupacken. Übrige Zucchini und Masse genauso verarbeiten. Die Ravioli mit den Zucchini-Enden nach unten auf die warme Tomatensauce legen. Mit Öl bestreichen und im Ofen in 20 Min. goldgelb garen. Mit Pinienkernen und 1 EL Petersilie bestreut servieren. **FÜR 4 PERSONEN**

Blumenkohlreis-BOWLS mit *knusprigen Chili-Eiern*

Für die Blumenkohlreis-Bowls
2 EL Olivenöl extra vergine
2 Knoblauchzehen, in feine Scheiben geschnitten
2 EL Oreganoblätter
1 kg Blumenkohl, fein gerieben
Meersalz und schwarzer Pfeffer aus der Mühle
200 g Baby-Blattspinat
Für die knusprigen Chili-Eier
1 EL Olivenöl extra vergine
2 große rote Chilischoten, fein gehackt
1 Frühlingszwiebel, fein gehackt
4 Eier

Für die Blumenkohlreis-Bowls das Olivenöl in einer großen Pfanne bei hoher Temperatur erhitzen. Knoblauch und Oregano 1 Min. darin andünsten. Blumenkohl, Salz und Pfeffer hinzufügen und unter Rühren 5 Min. braten, bis der Blumenkohl weich ist. Den Spinat untermischen.

Für die knusprigen Chili-Eier das Olivenöl in einer mittelgroßen Pfanne bei hoher Temperatur erhitzen. Chilis und Frühlingszwiebel unter Rühren 1 Min. darin andünsten. Die Eier in die Pfanne aufschlagen und 1 Min. braten. Die Temperatur auf schwache Hitze reduzieren und einen Deckel auflegen. Noch 2 Min. braten, bis die Spiegeleier an den Rändern knusprig und braun sind.

Die Blumenkohlreis-Mischung in Bowls mit je 1 Chili-Spiegelei anrichten und servieren. **FÜR 4 PERSONEN**

Meine allerliebste NEUESTE ART, um Blumenkohlreis vorzubereiten: einfach auf einer *guten Kastenreibe mit Auffangbehälter fein reiben*. So müssen Sie nicht jedes Mal die Küchenmaschine aus dem Schrank holen. Die Reibe gehört zu den Utensilien, bei denen ich mir wünschte, sie früher entdeckt zu haben. SO EINFACH, dass ich den Blumenkohlreis *inzwischen häufiger zubereite.*

Blumenkohlreis-BOWLS mit *Chili-Bohnen und geröstetem Mais*

1 Rezeptmenge gebratener Blumenkohlreis (s. S. 80)
1 Avocado, Fruchtfleisch geviertelt, zum Servieren
Korianderblätter, Limettenspalten und dunkel geröstete große grüne Chilischoten zum Servieren
Für die Chili-Bohnen und den gerösteten Mais
1 EL Olivenöl extra vergine
2 Maiskolben, Körner ausgelöst
2 große grüne Chilischoten, in feine Ringe geschnitten
2 TL geräuchertes Paprikapulver
1 Dose schwarze Bohnen (240 g Abtropfgewicht), abgespült und abgetropft
200 g Kirschtomaten, geviertelt

Für die Chili-Bohnen und den gerösteten Mais das Olivenöl in einer mittelgroßen Pfanne bei hoher Temperatur erhitzen. Die Maiskörner 4 Min. darin anbraten. Chili und Paprikapulver hinzufügen und 5 Min. weiterbraten, bis der Mais an den Rändern kräftig gebräunt ist. Die Pfanne vom Herd nehmen und die schwarzen Bohnen und die Kirschtomaten unter den Mais mischen.

Den gebratenen Blumenkohlreis auf Bowls verteilen und die Chili-Bohnen und den Mais darauf anrichten. Mit Avocado, Koriander, Limettenspalten und den gerösteten Chilis garniert servieren. **FÜR 4 PERSONEN**

Blumenkohlreis-BOWLS mit *Räucherforelle und Gurkenjoghurt*

1 Rezeptmenge gebratener Blumenkohlreis (s. S. 80)
320 g heißgeräucherte Forellenfilets, grob zerpflückt
Rucola und Minzblätter zum Servieren
Für den Gurkenjoghurt
1 Stück Salatgurke (125 g), fein gewürfelt
250 g dickcremiger griechischer Naturjoghurt
1 TL fein abgeriebene Bio-Zitronenschale
8 g Minzblätter, klein gehackt
4 EL (35 g) klein gewürfelte Gewürzgürkchen (Cornichons)
Meersalz und schwarzer Pfeffer aus der Mühle

Für den Gurkenjoghurt Salatgurke, Joghurt, Zitronenabrieb, Minze, Gewürzgürkchen, Salz und Pfeffer in einer Schüssel mischen.

Zum Servieren den gebratenen Blumenkohlreis auf Bowls verteilen und darauf Gurkenjoghurt, Forelle, Rucola und extra Minzblätter anrichten. **FÜR 4 PERSONEN**

ricotta-FRITTATAS mit *Kräuter-Grünkohl und gerösteten Tomaten*

8 Kirschtomaten
1 EL Olivenöl extra vergine
Meersalz und schwarzer Pfeffer aus der Mühle
12 g glatte Petersilienblätter
90 g Grünkohlblätter (Stiele entfernt), in feine Streifen geschnitten
40 g Parmesan, fein gerieben
10 g Basilikumblätter
Für die Ricotta-Frittata-Mischung
6 Eier
60 ml Milch
240 g Ricotta
Meersalz und schwarzer Pfeffer aus der Mühle

Den Backofen auf 200° vorheizen.

Acht Mulden (125 ml Inhalt) einer Muffinform mit Papierbackförmchen auskleiden.

Die Tomaten auf einem mit Backpapier ausgelegten Backblech verteilen. Mit Olivenöl beträufeln und mit Salz und Pfeffer würzen. 20 Min. im Ofen garen, bis die Haut der Tomaten Blasen wirft.

Inzwischen für die Ricotta-Frittata-Mischung Eier mit Milch, Ricotta, Salz und Pfeffer glatt rühren.

Eine große Schüssel mit Eiswasser füllen. In einer zweiten großen (hitzefesten) Schüssel Petersilie und Grünkohl mit kochendem Wasser übergießen, 20 Sek. darin blanchieren, dann sofort abseihen und in das Eiswasser geben. Abseihen und abtropfen lassen.

Den Petersilien-Grünkohl zur Ricotta-Frittata-Mischung geben. Parmesan und Basilikum hinzufügen und alles behutsam vermischen.

Die Backofentemperatur auf 180° reduzieren. Die Muffinförmchen gleichmäßig mit der Frittata-Mischung füllen, darauf jeweils 1 Tomate geben und die Frittatas im Backofen in 20–25 Min. goldbraun backen.

FÜR 4 PERSONEN

ricotta-FRITTATAS mit *geröstetem Estragon-Blumenkohl*

1 kg Blumenkohlröschen
12 g Estragonblätter, davon 1 EL beiseitegestellt
2 EL Olivenöl extra vergine
100 g Ziegenweichkäse
1 Rezeptmenge nicht gegarte Ricotta-Frittata-Mischung (s. S. 84)

Backofen auf 200° vorheizen. Acht Mulden (125 ml Inhalt) einer Muffinform mit Papierbackförmchen auskleiden. Blumenkohl, Estragon und Olivenöl mischen.

Blumenkohl und Estragon auf einem großen, mit Backpapier ausgelegten Backblech verteilen und die Röschen in 20 Min. im Ofen goldbraun rösten.

Die Temperatur auf 180° reduzieren. Förmchen mit Blumenkohl füllen und den Käse darüberkrümeln. Die Ricotta-Frittata-Mischung auf die Förmchen verteilen und mit 1 EL Estragon bestreuen. Im Ofen in 20–25 Min. goldbraun backen. **FÜR 4 PERSONEN**

ricotta-FRITTATAS mit *Minzerbsen und Feta*

240 g Erbsen, blanchiert und grob zerdrückt
2 EL Schnittlauchröllchen
4 EL Minzblätter
100 g Schafskäse (Feta), zerbröckelt
1 EL Olivenöl extra vergine
Meersalz und schwarzer Pfeffer aus der Mühle
1 Rezeptmenge nicht gegarte Ricotta-Frittata-Mischung (s. S. 84)

Backofen auf 180° vorheizen. Acht Mulden (125 ml Inhalt) einer Muffinform mit Papierbackförmchen auskleiden.

Erbsen mit Schnittlauch, Minze, Schafskäse, Olivenöl, Salz und Pfeffer mischen.

Die Förmchen mit der Erbsen-Mischung füllen und die Ricotta-Frittata-Mischung gleichmäßig darauf verteilen. Im Backofen in 20–25 Min. goldbraun backen.

Blumenkohl-PIZZA mit Tomate, *Prosciutto und Rucola*

24 Kirschtomaten (mit Rispen)
Olivenöl extra vergine
Meersalz und schwarzer Pfeffer aus der Mühle
100 g dünn geschnittener Prosciutto zum Servieren
Rucola, fein geriebener Parmesan und Vincotto oder Balsamico-Glasur zum Servieren

Für die Blumenkohl-Pizzaböden
160 g Kürbiskerne
600 g Blumenkohlröschen, grob gehackt
2 EL Hefeflocken (nach Belieben)
3 Eier, leicht verquirlt
40 g Parmesan, fein gerieben
Meersalz und schwarzer Pfeffer aus der Mühle

Den Backofen auf 200° vorheizen.

Für die Blumenkohl-Pizzaböden die Kürbiskerne in der Küchenmaschine fein vermahlen. Blumenkohl, nach Belieben die Hefeflocken, Eier, Parmesan, Salz und Pfeffer hinzufügen und alles zu einer feinen, teigähnlichen Masse verarbeiten.

Zwei runde Pizzableche von 28 cm Durchmesser mit Backpapier belegen. Die Blumenkohl-Masse halbieren und auf jedem Blech 1 Portion verteilen. Im vorgeheizten Backofen in 20 Min. goldbraun backen.

Die Tomaten auf ein großes, mit Backpapier ausgelegtes Backblech geben. Mit Olivenöl beträufeln und mit Salz und Pfeffer würzen. Im Backofen 20 Min. rösten.

Die Pizzaböden mit gerösteten Tomaten, Prosciutto, Rucola und Parmesan belegen. Mit Vincotto oder Balsamico-Glasur beträufeln und servieren. **FÜR 4 PERSONEN**

Das ist ein noch AROMATISCHERES Update *meines geliebten Blumenkohl-Pizzabodens*. Ich liebe den nussigen Geschmack der Kürbiskerne im Teig, auch wenn dieser ansonsten OHNE NÜSSE auskommt. Die Hefeflocken verleihen der Pizza einen *intensiv würzigen Geschmack*.

blumenkohl-PIZZA mit *geröstetem Chili-Kürbis und Feta*

800 g Kürbisfruchtfleisch, in dünne Scheiben geschnitten
1 rote Zwiebel, in Spalten geschnitten
1 EL Olivenöl extra vergine plus etwas mehr zum Beträufeln
¼ TL Chiliflocken plus etwas mehr zum Servieren
1 Rezeptmenge gebackene Blumenkohl-Pizzaböden (s. S. 88)
150 g Schafskäse (Feta)
12 g Baby-Blattspinat

Den Backofen auf 200° vorheizen.

Kürbisscheiben und Zwiebelspalten auf einem großen, mit Backpapier ausgelegten Backblech verteilen. Mit 1 EL Olivenöl beträufeln und mit ¼ TL Chiliflocken bestreuen. Im Backofen 20 Min. rösten.

Die noch warmen Pizzaböden mit Kürbisscheiben und Zwiebelspalten belegen. Den Schafskäse darüberbröckeln und die Spinatblättern darauf verteilen. Mit etwas Olivenöl beträufeln und mit extra Chiliflocken bestreut servieren. **FÜR 4 PERSONEN**

blumenkohl-PIZZA mit *Roter Bete und Ziegenkäse*

1 Rezeptmenge gebackene Blumenkohl-Pizzaböden (s. S. 88)
6 kleine Rote Beten, abgeschrubbt und mit einem Gemüsehobel in feine Scheiben geschnitten, kleine Blätter aufbewahrt
150 g Ziegenweichkäse
Olivenöl extra vergine, Granatapfelmelasse oder Balsamico-Glasur zum Servieren

Jeden noch warmen Blumenkohl-Pizzaboden mit den Rote-Bete-Scheiben und Rote-Bete-Blättern belegen. Den Ziegenkäse darüberkrümeln.

Zum Servieren mit Olivenöl und Granatapfelmelasse beträufeln. **FÜR 4 PERSONEN**

ahornsirup-TERIYAKI-LACHS mit *Salat-Körbchen und Gurken-Pickles*

8 Römersalatblätter
330 g gegarter Jasminreis
2 Frühlingszwiebeln, schräg in Scheiben geschnitten
Minzblätter, Korianderblätter und Limettenspalten zum Servieren
Für den Ahornsirup-Teriyaki-Lachs
60 ml Ahornsirup
60 ml Sojasauce
1 EL fein geriebener Ingwer
1 Knoblauchzehe, in feine Scheiben geschnitten
4 Lachsfilets ohne Haut (je 150 g), Gräten entfernt
Für die Gurken-Pickles
80 ml Apfelessig
1 EL Ahornsirup
Meersalzflocken
4 Mini-Salatgurken, in dünne Scheiben geschnitten

Den Backofen auf 200° vorheizen.

Für den Ahornsirup-Teriyaki-Lachs in einem kleinen Topf Ahornsirup, Sojasauce, Ingwer und Knoblauch bei mittlerer Hitze 2 Min. köcheln lassen. Die Lachsfilets nebeneinander auf ein mit Backpapier ausgelegtes Backblech legen und mit der Ahornsirup-Teriyaki-Sauce beträufeln. Im vorgeheizten Backofen 5 Min. braten. Nach der Hälfte der Garzeit die Filets nochmals mit der Sauce bestreichen.

Für die Pickles Essig, Ahornsirup und Salz in einer Schüssel verrühren. Mit den Gurken mischen und 5 Min. ziehen lassen.

Die Salatblätter jeweils mit Reis und Ahornsirup-Teriyaki-Lachs füllen. Mit den Gurken-Pickles, Frühlingszwiebeln, Kräutern und Limettenspalten servieren. **FÜR 4 PERSONEN**

Der INTENSIVE GESCHMACK von Ahornsirup und Teriyaki passt gut zu *festem Fischfleisch wie dem von Lachs,* der kräftige Aromen verträgt. Meerforelle oder Gelbschwanzmakrele passen ebenfalls gut. Doch wie immer sollten Sie einen Fisch wählen, der FRISCH, NACHHALTIG und *lokal gefischt* wurde.

ahornsirup-TERIYAKI-LACHS mit *Soba-Nudelsalat*

160 g Sobanudeln (japanische Buchweizennudeln), gegart
200 g Zuckerschoten, blanchiert
200 g Zuckererbsen, blanchiert und halbiert
100 g Bohnensprossen, lange Enden abgezupft
1 Rezeptmenge gebratener Ahornsirup-Teriyaki-Lachs (s. S. 92; 2 EL Ahornsirup-Teriyaki-Sauce beiseitegestellt)

Nudeln, Zuckerschoten und Zuckererbsen, Bohnensprossen und beiseitegestellte Ahornsirup-Teriyaki-Sauce gleichmäßig auf Bowls verteilen.

Den Ahornsirup-Teriyaki-Lachs darauf anrichten und servieren. FÜR 4 PERSONEN

ahornsirup-TERIYAKI-LACHS
mit *geröstetem Nori und Grünkohlsalat*

4 geröstete Nori-Blätter
1 Rezeptmenge gebratener Ahornsirup-Teriyaki-Lachs (s. S. 92)
Für den Grünkohlsalat
60 ml brauner Reisessig
1 EL Rohrohrzucker
Meersalzflocken
100 g Grünkohlblätter (Stiele entfernt), gehackt
2 Möhren, in Juliennestreifen geschnitten
2 kleine Rote Beten (vorzugsweise Chioggia), abgeschrubbt und in feine Scheiben gehobelt
2 EL Sesamsamen, geröstet

Für den Grünkohlsalat in einer großen Schüssel Essig mit Zucker und Salz verrühren. Den Grünkohl hinzufügen und im Dressing 2 Min. durchkneten, bis er weich ist. Möhren, Rote Beten und Sesamsamen untermischen.

Zum Servieren die Nori-Blätter auf Teller verteilen und darauf jeweils Grünkohlsalat und 1 Ahornsirup-Teriyaki-Lachs anrichten. **FÜR 4 PERSONEN**

DIE Big BOWL

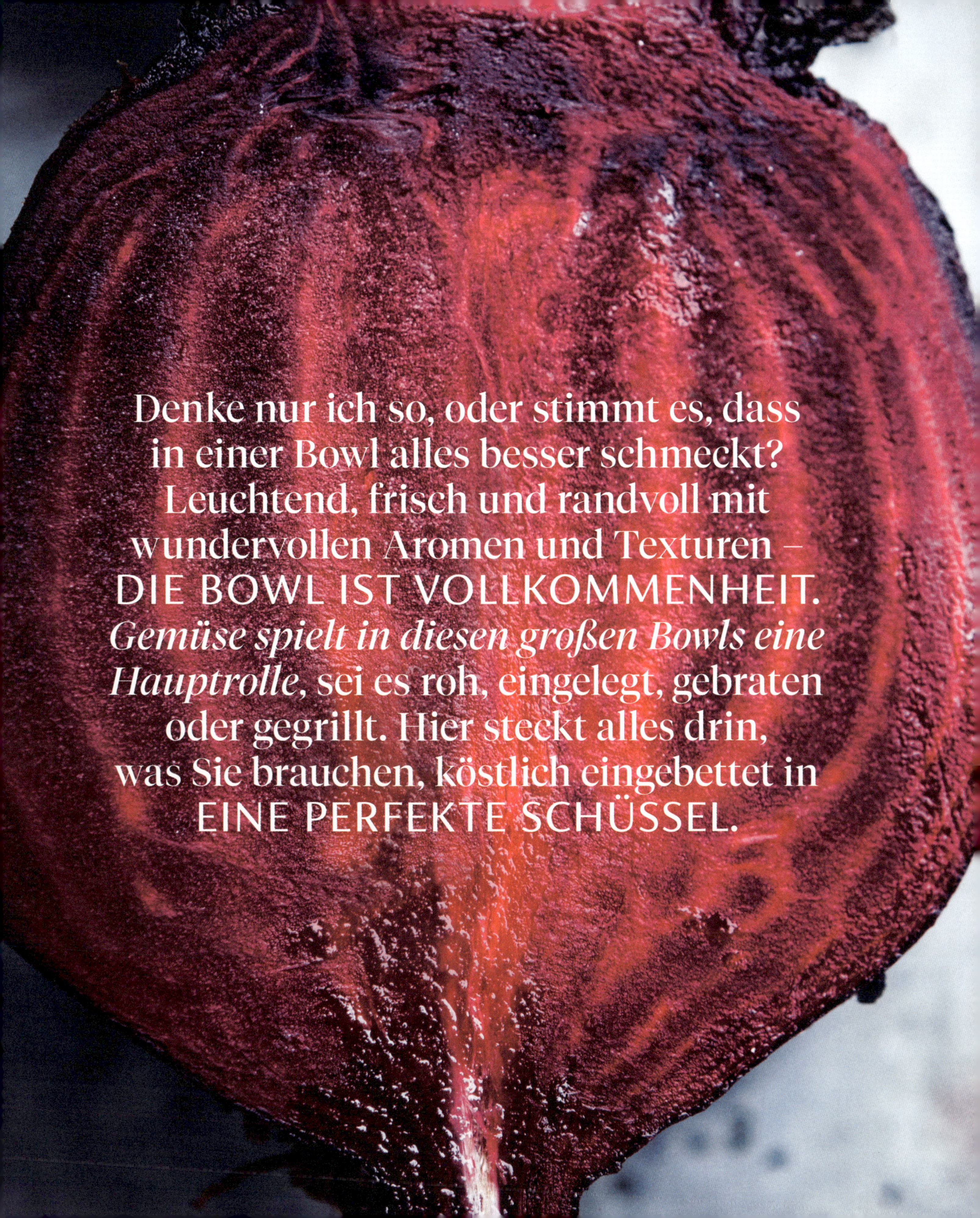

Denke nur ich so, oder stimmt es, dass in einer Bowl alles besser schmeckt? Leuchtend, frisch und randvoll mit wundervollen Aromen und Texturen – DIE BOWL IST VOLLKOMMENHEIT. *Gemüse spielt in diesen großen Bowls eine Hauptrolle*, sei es roh, eingelegt, gebraten oder gegrillt. Hier steckt alles drin, was Sie brauchen, köstlich eingebettet in EINE PERFEKTE SCHÜSSEL.

schwarze-REIS-BOWL mit Ingwer und *Kurkuma-Hähnchen*

800 g gegarter schwarzer Reis
140 g TK-Edamame-Kerne, blanchiert
2 Mini-Salatgurken, in feine Scheiben geschnitten
12 kleine Radieschen mit Blattgrün, halbiert
½ Bund Koriandergrün, Blätter mit Stielen abgezupft
Für das Kurkuma-Hähnchen
1 EL fein geriebener Ingwer
½ TL gemahlene Kurkuma
2 TL Olivenöl extra vergine
Meersalzflocken
3 kleine Hähnchenbrustfilets (je 150 g), pariert
Für das Kurkuma-Dressing
280 g dickcremiger griechischer Naturjoghurt
3 EL fein geriebener Ingwer
1 TL gemahlene Kurkuma
½ TL Meersalzflocken

Für das Kurkuma-Hähnchen in einer Schüssel Ingwer, Kurkuma, Olivenöl und Salz verrühren, die Hähnchenfilets einlegen und mit der Marinade überziehen.

Eine mittelgroße beschichtete Pfanne bei mittlerer Temperatur erhitzen. Die Filets 5 Min. von jeder Seite braten, bis sie goldbraun und durchgegart sind. 5 Min. ruhen lassen, anschließend jedes Filet in 4 dicke Scheiben schneiden.

Für das Kurkuma-Dressing Joghurt mit Ingwer, Kurkuma und Salz in einer kleinen Schüssel glatt rühren.

Zum Servieren Reis, Edamame, Gurken und Radieschen gleichmäßig auf vier Bowls verteilen. Darauf jeweils Hähnchenscheiben, Dressing und Koriander anrichten. **FÜR 4 PERSONEN**

Diese Bowl HAT WIRKLICH ALLES – *sie ist randvoll mit guten Sachen* und schmeckt so großartig, wie sie aussieht. Kein Wunder, dass sie mein NEUES LIEBSTES *Abendessen für alle Fälle* ist.

Toms KÜRBIS-Salat-*Bowl*

1 kleiner Hokkaido-Kürbis
2 EL Olivenöl extra vergine
2 EL Ahornsirup
Meersalz und schwarzer Pfeffer aus der Mühle
100 g Baby-Blattspinat
100 g junger Rucola
1 kleine rote Zwiebel, in feine Halbringe geschnitten
2 EL Granatapfelmelasse oder Balsamico-Glasur
200 g marinierter Schafskäse (Feta)
80 g gehackte Mandeln, geröstet
8 Scheiben Prosciutto (nach Belieben)

Den Backofen auf 200° vorheizen.

Den Kürbis in der Mitte waagerecht durchschneiden. Mit einem Löffel die Kerne herauskratzen und wegwerfen. Die Kürbishälften dienen als zwei große Bowls.

Die Kürbishälften mit den Schnittflächen nach oben auf ein mit Backpapier ausgelegtes Backblech geben. Mit Olivenöl und Ahornsirup beträufeln und mit Salz und Pfeffer würzen. Im vorgeheizten Backofen 50 Min. backen, bis der Kürbis weich ist.

In einer großen Schüssel den Spinat mit Rucola, Zwiebelringen und Melasse mischen.

Die beiden gebackenen Kürbishälften auf eine Servierplatte setzen. Den Salat in den Kürbis-Bowls anrichten. Mit zerbröckeltem Schafskäse, Mandeln und nach Belieben dem Prosciutto garnieren.

FÜR 4 PERSONEN

MEIN SOHN bereitete diese Bowl für mich zu, nachdem er auf seinem Computer ein ähnliches Gericht gesehen hatte. *Sie war unbeschreiblich köstlich!* Er war SO STOLZ auf seine Leistung. *Und auch mich überkam in diesem Moment echter Mutterstolz!*

grünkohl-KÜRBIS-Falafel *mit Möhren-Pickles-Salat*

120 g Kürbiskerne, geröstet
90 g Grünkohlblätter (Stiele entfernt), gehackt
1 Knoblauchzehe, zerdrückt
1 Dose Kichererbsen (240 g Abtropfgewicht), abgespült und abgetropft
1½ TL gemahlene Kurkuma
6 g Korianderblätter
Meersalz und schwarzer Pfeffer aus der Mühle
450 g Kürbisfruchtfleisch, gerieben
Olivenöl extra vergine zum Bestreichen
dickcremiger griechischer Naturjoghurt und weißes Tahin (Sesampaste) zum Servieren
Für den Möhren-Pickles-Salat
6 Möhren, mit dem Julienneschneider in Streifen geschnitten
2 EL Apfelessig
2 EL Honig
2 große rote Chilischoten, in Ringe geschnitten
6 g Korianderblätter

Den Backofen auf 220° vorheizen.

Die Kürbiskerne in der Küchenmaschine fein hacken. Grünkohl, Knoblauch, Kichererbsen, Kurkuma, Koriander, Salz und Pfeffer hinzufügen und alles gut vermengen. Den geriebenen Kürbis untermischen.

Jeweils 1 großzügig gehäuften EL Kürbismasse abstechen und zu einem Bällchen formen. Die Bällchen auf ein mit Backpapier ausgelegtes Backblech setzen und leicht flach drücken. Mit reichlich Olivenöl einpinseln und im vorgeheizten Backofen in 25 Min. goldbraun und knusprig braten.

Für den Möhren-Pickles-Salat Möhren, Essig, Honig, Chilis und Koriander in einer Schüssel mischen. 5 Min. ziehen lassen.

Den Möhren-Pickles-Salat auf Bowls verteilen und die Grünkohl-Kürbis-Falafel darauf anrichten. Mit Joghurt und Tahin servieren.

FÜR 4 PERSONEN

pochiertes LIMETTEN-HÄHNCHEN und Fenchelsalat *mit Kokos-Dressing*

2 Hähnchenbrustfilets (je 200 g), pariert
1 l Hühnerbrühe
500 ml Wasser
2 Stängel Zitronengras, halbiert und flach geklopft
1 grüne Chilischote, halbiert
4 Kaffirlimettenblätter, angequetscht
1 Stück (4 cm) Ingwer, in dünne Scheiben geschnitten
violette Shiso-Blätter zum Garnieren (nach Belieben)
Für das Kokos-Dressing
250 ml Kokoscreme
2 EL Limettensaft
2 EL Fischsauce
1 EL extrafeiner Zucker
Für den Fenchelsalat
3 mittelgroße Knollen Fenchel, fein gehobelt
2 kleine Salatgurken, in feine Scheiben geschnitten
25 g Korianderblätter
5 g Minzblätter
1 grüne Chilischote, in feine Ringe geschnitten

Die Hähnchenbrustfilets jeweils mit einem Längsschnitt durch die Mitte in zwei gleich große Stücke schneiden.

Brühe mit Wasser, Zitronengras, Chili, Kaffirlimettenblätter und Ingwer in einem mittelgroßen Topf aufkochen. Die Hitze reduzieren und die Brühe 10 Min. köcheln lassen. Die Hähnchenstücke hineingeben und bei erhöhter Temperatur 1 Min. in der Brühe kochen lassen. Einen Deckel auflegen. Den Herd abschalten und das Hähnchen in der Flüssigkeit 10 Min. pochieren. Etwas abkühlen lassen, anschließend das Hähnchenfleisch mit zwei Gabeln in Streifen zerteilen.

Für das Kokos-Dressing Kokoscreme mit Limettensaft, Fischsauce und Zucker in einer Schüssel glatt rühren.

Für den Fenchelsalat Fenchel, Gurken, Koriander, Minze und Chiliringe in eine große Schüssel geben. Das zerpflückte Hähnchenfleisch und das Dressing hinzufügen und alles kurz vermischen. Gleichmäßig auf Bowls verteilen und nach Belieben mit den Shiso-Blättern garniert servieren. **FÜR 4 PERSONEN**

asiatische RINDFLEISCH-SPIESSE **mit *Kokos-Nudel-Bowls***

500 g Bio-Rinderfilet, pariert und in Streifen geschnitten
2 EL Fischsauce
2 EL Limettensaft
1 EL brauner Zucker
2 Knoblauchzehen, zerdrückt
1 EL fein geriebener Ingwer
2 Frühlingszwiebeln, fein gehackt
Olivenöl extra vergine zum Bestreichen
400 g Zuckerschoten, blanchiert und längs aufgeschnitten
Korianderblätter, geröstete Erdnusskerne und feine grüne Chiliringe zum Servieren
Für die Kokosnudeln
200 g Reisnudeln
125 ml Kokoscreme
2 EL Limettensaft
2 EL Fischsauce
1 EL extrafeiner Zucker

Das Rindfleisch mit Fischsauce, Limettensaft, braunem Zucker, Knoblauch, Ingwer und Frühlingszwiebeln in einer Schüssel mischen. 10 Min. darin marinieren lassen und dann auf Metallspieße stecken.

Eine Grillpfanne oder einen Grill stark erhitzen.

Die Rindfleischspieße rundherum mit Olivenöl bestreichen und 3 Min. von jeder Seite braten oder grillen, bis das Fleisch kräftig goldbraun ist. Beiseitestellen.

Für die Kokosnudeln die Nudeln in einer hitzefesten Schüssel mit kochendem Wasser übergießen und 4 Min. quellen lassen, bis sie weich sind. Das Wasser abgießen und die Nudeln unter fließendem kaltem Wasser abspülen. Abtropfen lassen. Inzwischen Kokoscreme mit Limettensaft, Fischsauce und Zucker in einer Schüssel glatt rühren. Die abgetropften Reisnudeln mit der Kokossauce mischen.

Die Nudeln mit der Sauce in einer großen Bowl anrichten und darauf Zuckerschoten, Koriander, Erdnüsse und Chili geben. Die Rindfleischspieße auflegen und servieren. **FÜR 4 PERSONEN**

sellerie-SALAT mit *Bloody-Mary-Dressing*

4 Ochsenherz- oder Heirloom-Tomaten
6 Radieschen, in feine Scheiben gehobelt
4 kleine Stangen Staudensellerie, mit einem Sparschäler in lange Bänder geschnitten
50 g feines Selleriegrün
180 g Halloumi, fein gehobelt
16 grüne Oliven
2 mittelgroße Dill-Gewürzgurken, in Scheiben geschnitten

Für das Bloody-Mary-Dressing
125 ml passierte Tomaten
2 TL Worcester-Sauce
2 TL Zitronensaft
1 EL Wodka (nach Belieben)
1 TL Tabasco
Meersalz und schwarzer Pfeffer aus der Mühle

Für das Bloody-Mary-Dressing passierte Tomaten, Worcester-Sauce, Zitronensaft, Wodka, falls verwendet, Tabasco, Salz und Pfeffer in einer kleinen Schüssel verrühren und beiseitestellen.

Die Tomaten in 1,5 cm dicke Scheiben schneiden und auf einer Servierplatte auslegen. Radieschen, Selleriebänder, Selleriegrün, Halloumi, Oliven und Dill-Gewürzgurken darauf anrichten. Mit dem Bloody-Mary-Dressing beträufeln und servieren. FÜR 4 PERSONEN

Diese AUF DEN KOPF GESTELLTE Version einer Bloody Mary peppt den Salat so richtig auf – jede Menge CRUNCH mit genau *der richtigen Menge an spritzigem Dressing!*

Kokos-INGWER-Reis-Bowls mit *Lachs*

800 g gegarter Naturreis, raumtemperiert
450 g Lachsfilet ohne Haut in Sashimi-Qualität, in Würfel geschnitten
3 Stangen Staudensellerie, mit einem Sparschäler in Bänder geschnitten
1 Avocado, Fruchtfleisch geviertelt
140 g TK-Edamame-Kerne, blanchiert
in Streifen geschnittene Nori-Blätter und eingelegter Ingwer zum Servieren
Für das Kokos-Dressing
180 ml Kokoscreme
70 g eingelegter Ingwer, fein gehackt
2 TL fein abgeriebene Bio-Limettenschale
2 EL Limettensaft
1 große grüne Chilischote, in feine Ringe geschnitten

Für das Kokos-Dressing die Kokoscreme mit eingelegtem Ingwer, Limettenabrieb und Limettensaft sowie Chiliringen in einer kleinen Schüssel verrühren.

Den Reis mit der Hälfte des Kokos-Dressings mischen und gleichmäßig auf Bowls verteilen. Darauf jeweils rohe Lachswürfel, Sellerie, Avocado, Edamame, Nori und eingelegten Ingwer anrichten. Mit dem restlichen Kokos-Dressing servieren. **FÜR 4 PERSONEN**

Sie könnten *den Lachs durch Thunfisch, Gelbschwanzmakrele oder Meerforelle ersetzen.* Für eine VEGETARISCHE Variante *festen Seidentofu verwenden. Er harmoniert wunderbar* mit den asiatischen Aromen.

miso-SALAT-Bowls mit *karamellisiertem Rosenkohl*

700 g mittelgroße Rosenkohlröschen, geputzt und halbiert
800 g gegarter schwarzer Reis
2 kleine Knollen Fenchel, in feine Scheiben gehobelt, zum Servieren
25 g Blutampferblätter zum Servieren
Für die Ahornsirup-Miso-Marinade
2 EL weiße Misopaste (Shiro)
2 EL Ahornsirup
1 EL Mirin (japanischer Reiswein)
2 TL Sesamöl
2 EL schwarze Sesamsamen
Für die Radieschen-Pickles
125 ml Reisessig
2 TL extrafeiner Zucker
1 Prise Meersalzflocken
6 Radieschen, in feine Scheiben gehobelt

Den Backofen auf 220° vorheizen.

Den Rosenkohl in einer großen Schüssel beiseitestellen.

Für die Ahornsirup-Miso-Marinade in einer kleinen Schüssel Misopaste mit Ahornsirup, Mirin und Sesamöl glatt rühren. Die Sesamsamen untermischen. Die Marinade mit dem Rosenkohl mischen.

Den marinierten Rosenkohl auf einem mit Backpapier ausgelegten Backblech gleichmäßig verteilen. Im vorgeheizten Ofen 20 Min. garen, bis die Röschen goldbraun und karamellisiert sind.

Inzwischen für die Radieschen-Pickles Essig, Zucker und Salz in einer mittelgroßen Schüssel verquirlen, bis sich Zucker und Salz aufgelöst haben. Die Radieschenscheiben in die Schüssel geben und 10 Min. marinieren lassen.

Den Reis gleichmäßig auf Bowls verteilen und darauf jeweils Rosenkohl, Fenchel und Radieschen-Pickles anrichten. Mit Blutampfer garnieren und mit der restlichen Flüssigkeit der Pickles beträufeln.

FÜR 4 PERSONEN

Wenn Sie keinen Rosenkohl mögen, dann *wird dieses Rezept Ihre Meinung ändern* – denn in Miso und Ahornsirup gegart, entsteht eine völlig neue KNUSPRIGE KÖSTLICHKEIT, *die nahezu unwiderstehlich ist.*

auberginen-BOWL mit *Baba Ghanoush und Freekeh*

4 mittelgroße Auberginen (je 350 g)
2 EL Olivenöl extra vergine
Meersalz und schwarzer Pfeffer aus der Mühle
Für das Baba Ghanoush
1 Knoblauchzehe, geschält
2 EL weißes Tahin (Sesampaste)
280 g dickcremiger griechischer Naturjoghurt
Saft von ½ Zitrone
60 ml Olivenöl extra vergine
Meersalz und schwarzer Pfeffer aus der Mühle
Für den Freekeh-Salat
320 g gegarter Freekeh
1 Frühlingszwiebel, in feine Ringe geschnitten
2 Salatgurken, in Scheiben geschnitten
25 g glatte Petersilienblätter
15 g Minzblätter
Olivenöl extra vergine, Meersalz und schwarzer Pfeffer aus der Mühle nach Geschmack

Den Backofen auf 200° vorheizen.

Die Auberginen der Länge nach halbieren und das Fruchtfleisch rautenförmig einschneiden. Dabei nicht durch die Haut schneiden. Die Schnittflächen mit dem Olivenöl einpinseln und mit Salz und Pfeffer würzen. Die Auberginenhälften mit den Schnittflächen nach oben auf ein mit Backpapier ausgelegtes Backblech legen. Im vorgeheizten Backofen 40 Min. backen, bis das Fruchtfleisch weich und karamellisiert ist.

Für das Baba Ghanoush die Hälfte des Fruchtfleischs in der Mitte jeder Auberginen-„Bowl“ herauslöffeln und 10 Min. abkühlen lassen. Anschließend mit Knoblauch, Tahin, Joghurt und Zitronensaft in der Küchenmaschine fein zerkleinern. Bei laufendem Motor langsam das Olivenöl in feinem Strahl hinzugießen. Mit Salz und Pfeffer würzen.

Für den Freekeh-Salat den Freekeh mit Frühlingszwiebel, Gurken, Petersilie und Minze mischen. Nach Geschmack mit Olivenöl beträufeln und mit Salz und Pfeffer würzen.

Zum Servieren auf jeden Teller 2 Auberginen-„Bowls“ setzen. Mit dem Baba Ghanoush füllen und darauf Freekeh-Salat anrichten.

FÜR 4 PERSONEN

spaghetti-KÜRBIS-BOWLS mit *Halloumi-Croûtons*

2 Spaghettikürbisse (je 1,4 kg)
2 EL Olivenöl extra vergine
Meersalz und schwarzer Pfeffer aus der Mühle
Für die Halloumi-Croûtons
1 EL Olivenöl extra vergine
300 g Halloumi, in 3 cm große Würfel geschnitten
100 g Walnusskerne, grob gehackt
60 g Schwarzkohlblätter (Cavolo nero), in Streifen geschnitten
8 g Salbeiblätter
80 ml Zitronensaft
2 EL Honig
Meersalz und schwarzer Pfeffer aus der Mühle

Den Backofen auf 200° vorheizen.

Die Spaghettikürbisse der Länge nach halbieren, mit einem Löffel die Kerne herauskratzen und wegwerfen. Kürbishälften mit den Schnittflächen nach unten auf ein mit Backpapier ausgelegtes Backblech legen. Im Ofen 45 Min. backen, bis das Fruchtfleisch weich ist.

Inzwischen die Halloumi-Croûtons zubereiten. In einer mittelgroßen Pfanne das Olivenöl bei mittlerer bis hoher Temperatur erhitzen. Die Halloumi-Würfel 5 Min. darin braten, bis sie rundherum goldbraun sind. Walnüsse, Schwarzkohl und Salbei in die Pfanne geben, weitere 5 Min. braten, bis die Walnüsse geröstet sind und der Kohl zusammengefallen ist. Die Pfanne vom Herd nehmen und Zitronensaft, Honig, Salz und Pfeffer unterrühren.

Das Fruchtfleisch der fertig gegarten Kürbisse mit Olivenöl beträufeln und mit Salz und Pfeffer würzen. Mit einer Gabel das Fruchtfleisch zu „Spaghetti“-Fäden ziehen.

Zum Servieren die Halloumi-Füllung auf die Kürbishälften verteilen und alles leicht vermischen. **FÜR 4 PERSONEN**

SALZIG, SÜSS und köstlich! Die Verwandlung *dieser goldenen Spaghettikürbisse* ist pure MAGIE.

Quick FIX

Manchmal ist das Leben ganz schön hektisch. Ich will Ihnen nichts vormachen: *Für mich ist es das fast jeden Tag!* Deshalb bin ich immer auf der Suche nach BESSEREN, SCHNELLEREN Wegen, um mit alltäglichen Zutaten köstliche einfache Gerichte zu kreieren, die EINDRUCK MACHEN. Sie sind Ihre Rettung, wenn Sie unter Zeitdruck stehen oder eigentlich schon wieder auf dem Sprung sind. *Darf ich vorstellen: Ihre neuen Favoriten unter der Woche.*

EAT

Chorizo-UND Blumenkohl-*Bolognese*

2 frische Chorizo-Würste, Haut entfernt und das Brät fein gehackt
2 Knoblauchzehen, zerdrückt
2 EL Oreganoblätter
1 EL Olivenöl extra vergine
600 g Blumenkohl, fein gehackt
schwarzer Pfeffer aus der Mühle
1 Dose stückige Tomaten (400 g)
125 ml Rinderbrühe
3 Zucchini, mit dem Julienneschneider in feine Streifen geschnitten
200 g Vollkornspaghetti, gegart und warm gehalten
fein geriebener Parmesan und Mozzarella zum Servieren

Eine große Pfanne bei mittlerer bis hoher Temperatur erhitzen. Das Chorizo-Brät mit Knoblauch und Oregano unter gelegentlichem Rühren in 5 Min. goldbraun anbraten. Aus der Pfanne nehmen.

Olivenöl, Blumenkohl und Pfeffer in die Pfanne geben und 8 Min. braten, bis der Blumenkohl weich und leicht gebräunt ist. Die Chorizo-Mischung unterrühren, dann Tomaten und die Brühe hinzufügen. Die Hitze reduzieren und die Bolognese 5 Min. köcheln lassen.

Zum Servieren Zucchinistreifen und warme Nudeln auf Tellern anrichten. Jeweils Bolognese darüberlöffeln, mit etwas Parmesan bestreuen und mit 1 Stück Mozzarella garnieren. **FÜR 4 PERSONEN**

Liebhaber der klassischen Bolognese werden sich von dieser Version mit NOCH MEHR AROMA leicht überzeugen lassen – *der Kick ist die Chorizo* zusammen mit der geballten Köstlichkeit des goldbraunen Blumenkohls in SÄMIGER TOMATENSAUCE. *Yes please!*

gebratene ESTRAGON-PORTOBELLO-PILZE mit *Cashewsauce*

80 ml Olivenöl extra vergine
4 EL Estragonblätter, grob gehackt
16 Portobello-Pilze oder große braune Champignons, halbiert
2 rote Zwiebeln, in Spalten geschnitten
geröstetes Fladenbrot und Baby-Grünkohl zum Servieren
Für die Cashewsauce
150 g rohe Cashewkerne
125 ml Wasser
1 EL Tamarisauce (Sojasauce)
2 EL Zitronensaft
1 EL Hefeflocken

Den Backofen auf 220° vorheizen.

Für die Cashewsauce die Cashewkerne in einer hitzefesten Schüssel mit kochendem Wasser übergießen. Etwa 20 Min. darin einweichen, anschließend abgießen. Cashewkerne mit Wasser, Tamarisauce, Zitronensaft und Hefeflocken im Mixer zu einer glatten Sauce verarbeiten. 10 Min. ruhen lassen, damit sich die Aromen verbinden können.

In einer kleinen Schüssel das Olivenöl mit dem Estragon verrühren und beiseitestellen.

Nun je 4 Pilzhälften im Wechsel mit Zwiebelspalten auf acht Metallspieße stecken. Die Spieße auf ein mit Backpapier ausgelegtes Backblech legen und mit dem Estragonöl einpinseln. Im vorgeheizten Backofen 10 Min. braten. Nochmals mit dem Estragonöl einpinseln und weitere 10 Min. braten, bis die Pilze tief goldbraun sind.

Zum Servieren die gerösteten Fladenbrote gleichmäßig auf Teller verteilen und darauf zuerst Cashewsauce und dann die Pilzspieße anrichten. Den Baby-Grünkohl dazu reichen. **ERGIBT 8 SPIESSE**

gegrillter HARISSA-LACHS *mit Lauch*

3 Stangen Lauch, längs halbiert
2 EL Olivenöl extra verigne
Meersalz und schwarzer Pfeffer aus der Mühle
1 EL Harissa (scharfe Würzpaste)
1 EL Honig
450 g Lachsfilet ohne Haut, Gräten entfernt
grüner Salat und Limettenscheiben zum Servieren

Den Backofen auf 220° vorheizen.

Die Lauchstangen mit den Schnittflächen nach oben auf ein mit Backpapier ausgelegtes Backblech legen. Mit dem Olivenöl beträufeln und mit Salz und Pfeffer würzen. Im vorgeheizten Backofen 20–25 Min. garen, bis der Lauch weich und goldgelb ist.

Die Backofentemperatur auf 240° erhöhen.

Harissa und Honig verrühren und den Lachs auf der Oberseite damit bestreichen. Den Lachs auf die Lauchhälften legen und etwa 10 Min. im Ofen braten, bis er goldbraun ist und den von Ihnen gewünschten Gargrad erreicht hat.

Den Lachs mit dem Lauch und einem einfachen grünen Salat servieren und dazu Limettenscheiben zum Beträufeln reichen. **FÜR 4 PERSONEN**

Mit seiner KRÄFTIGEN Harissa-Note *funktioniert dieses Gericht mit jedem festen Fischfilet.* Wählen Sie möglichst einen Fisch, der NACHHALTIG und in lokalen Gewässern gefischt wurde.

Blumenkohl-TAHIN-KÜCHLEIN mit *cremig gerührtem Ziegenkäse*

3 Salatgurken, in lange dünne Bänder geschnitten
kleine Minzblätter, gemahlener Sumach und Zitronenstücke zum Servieren
Für die Blumenkohl-Tahin-Küchlein
1 Dose Kichererbsen (240 g Abtropfgewicht), abgespült und abgetropft
500 g Blumenkohl
1 Knoblauchzehe, zerdrückt
1½ TL gemahlener Kreuzkümmel
12 g glatte Petersilienblätter, fein gehackt
60 ml Apfelessig
3 Frühlingszwiebeln, in feine Ringe geschnitten
280 g weißes Tahin (Sesampaste)
Meersalz und schwarzer Pfeffer aus der Mühle
Olivenöl extra vergine zum Bestreichen und Beträufeln
Für den cremig gerührten Ziegenkäse
160 g Ziegenweichkäse
280 g dickcremiger griechischer Naturjoghurt

Den Backofen auf 220° vorheizen.

Für die Blumenkohl-Tahin-Küchlein die Kichererbsen in einer Schüssel kräftig zerdrücken. Den Blumenkohl auf einer Kastenreibe mit Auffangbehälter fein reiben (die Menge sollte drei Tassen mit je 250 ml Inhalt ergeben, dabei den geriebenen Blumenkohl fest in die Tassen drücken). Blumenkohl, Knoblauch, Kreuzkümmel, Petersilie, Essig, Frühlingszwiebeln, Tahin, Salz und Pfeffer mit den zerdrückten Kichererbsen mischen. Jeweils etwa 4 EL der Masse zu kleinen Küchlein formen und die Küchlein auf ein mit Backpapier ausgelegtes Backblech legen. Mit Öl einpinseln und im vorgeheizten Backofen 15 Min. braten. Dann noch einmal mit Öl einpinseln und weitere 10 Min. braten, bis die Küchlein goldbraun sind.

Inzwischen für den cremig gerührten Ziegenkäse in einer kleinen Schüssel den Ziegenkäse mit 1 EL Joghurt verrühren. Dann den übrigen Joghurt hinzufügen und alles zu einer glatten Creme aufschlagen.

Die Blumenkohl-Tahin-Küchlein und die Ziegenkäsecreme auf Teller verteilen. Die Käsecreme mit Olivenöl beträufeln und mit Gurkenbändern und Minzblättern garnieren. Mit Sumach bestreuen und servieren. Dazu Zitronenstücke zum Beträufeln reichen. **FÜR 4 PERSONEN**

Thunfisch UND Sobanudel-*Bowl*

380 g Thunfisch in Sashimi-Qualität
2 TL Wasabipaste
1–2 Nori-Blätter
Speiseöl zum Bestreichen
180 g Sobanudeln (japanische Buchweizennudeln), gegart, abgetropft und warm gehalten
12 violette Baby-Möhren, geputzt, blanchiert und halbiert
eingelegter Ingwer und kleine violette Shiso-Blätter zum Garnieren
Für das Soja-Dressing
60 ml Limettensaft
2 EL Sojasauce
1½ EL Mirin (japanischer Reiswein)

Den Thunfisch rundherum dünn mit Wasabipaste bestreichen und in ein Nori-Blatt wickeln. Überstehendes Nori-Blatt abschneiden.

Eine beschichtete Pfanne bei mittlerer Temperatur erhitzen. Das Thunfisch-Nori-Blatt auf allen Seiten mit Öl einpinseln und den Thunfisch 20–30 Sek. von jeder Seite scharf anbraten. Vor dem Anschneiden 5 Min. ruhen lassen.

Für das Soja-Dressing in einer Schüssel Limettensaft, Sojasauce und Mirin verrühren.

Die warmen Nudeln mit Möhren und Thunfischscheiben in tiefen Tellern anrichten. Das Soja-Dressing darüberlöffeln und mit eingelegtem Ingwer und Shiso-Blättern garniert servieren. **FÜR 4 PERSONEN**

Wenn Sie kein schönes *Stück Thunfisch* bekommen können, dann nehmen Sie Gelbschwanzmakrele oder Lachs. Statt Fisch *passt aber auch ein Rinderfilet* gut zu den INTENSIVEN *japanischen Aromen.*

würzige KICHERERBSEN-BÄLLCHEN mit *Kräuter-Zucchini-Salat*

Für die würzigen Kichererbsen-Bällchen
3 Möhren, geschält und gewürfelt
1 Dose Kichererbsen (240 g Abtropfgewicht), abgespült, abgetropft
120 g Ricotta
6 g Korianderblätter
1 TL gemahlener Kreuzkümmel
2 TL fein geriebener Ingwer
1 Knoblauchzehe, zerdrückt
2 EL weiße Chia-Samen
Sesamsamen zum Rollen
Olivenöl extra vergine zum Bestreichen
Für den Kräuter-Zucchini-Salat
3 Zucchini, mit dem Julienneschneider in feine Streifen geschnitten
1 Granatapfel, Kerne ausgelöst
25 g glatte Petersilienblätter
8 g Minzblätter
2 EL Olivenöl extra vergine
1 EL Zitronensaft
Meersalz und schwarzer Pfeffer aus der Mühle

Den Backofen auf 180° vorheizen.

Für die Kichererbsen-Bällchen die Möhren in der Küchenmaschine fein zerkleinern. Kichererbsen, Ricotta, Koriander, Kreuzkümmel, Ingwer, Knoblauch und Chia-Samen hinzufügen und durchmixen. Jeweils 1 EL der Masse zu kleinen Bällchen formen, diese in den Sesamsamen rollen und auf ein mit Backpapier ausgelegtes Backblech geben. Bällchen mit Olivenöl bepinseln und in 20 Min. im Ofen goldbraun backen.

Inzwischen für den Kräuter-Zucchini-Salat in einer Schüssel Zucchini mit Granatapfelkernen, Petersilie, Minze, Olivenöl und Zitronensaft mischen. Mit Salz und Pfeffer würzen.

Zum Servieren den Salat und die Bällchen auf Tellern anrichten.

FÜR 4 PERSONEN

Das Schöne an diesem Gericht ist, dass es sich wunderbar als PICKNICK oder Mittagessen eignet. Einfach Pita- oder FLADENBROTE *mit dem Salat* und den Bällchen füllen *und los geht's*!

gegrillte AUBERGINEN MIT Röstknoblauch-Joghurt *und Dicken Bohnen*

3 kleine Auberginen (je 330 g), längs in Spalten geschnitten
140 g Rucola, geputzt
300 g TK-Dicke-Bohnen, blanchiert, Bohnenkerne aus den Häuten gedrückt
Olivenöl extra vergine und Zitronenstücke zum Servieren
Für den Röstknoblauch-Joghurt
1 Knoblauchknolle
280 g dickcremiger griechischer Naturjoghurt
Meersalz und schwarzer Pfeffer aus der Mühle

Den Backofen auf 180° vorheizen.

Für den Röstknoblauch-Joghurt die Knoblauchknolle in Alufolie wickeln und auf einem Backblech im vorgeheizten Ofen etwa 45 Min. backen, bis die Knoblauchzehen weich sind. Abkühlen lassen. Die weichen Knoblauchzehen über einer Schüssel aus den Häuten lösen und das Fruchtfleisch in der Schüssel zu Mus zerdrücken. Mit Joghurt, Salz und Pfeffer verrühren.

Für die Auberginen eine Grillpfanne bei mittlerer bis hoher Temperatur erhitzen oder den Grill aufheizen. Die Auberginenspalten auf allen drei Seiten etwa 5 Min. grillen, bis sie weich sind.

Zum Servieren den Röstknoblauch-Joghurt auf Teller löffeln und darauf jeweils Auberginenspalten, Rucola und Dicke Bohnen anrichten. Mit Olivenöl beträufeln und servieren. Dazu Zitronenstücke zum Beträufeln reichen. **FÜR 4 PERSONEN**

Das ist meine Version eines BABA GHANOUSH, *wenn daraus ein stückiger Salat werden soll* – mit all seinen wundervollen Aromen, aber mit mehr Biss und FRISCHE.

sesam-NORI-FISCH mit *japanischem Kohlsalat*

4 Nori-Blätter, mit der Schere in feine Streifen geschnitten
40 g Sesamsamen
1 TL Meersalzflocken, zerstoßen
4 feste weiße Fischfilets (je 150 g)+
1 EL Traubenkernöl oder ein anderes Speiseöl
1 EL geröstete Sesamsamen zum Garnieren
Für das Sesam-Dressing
70 g weißes Tahin (Sesampaste)
2 EL Reisessig
2 EL Wasser
1 EL Sojasauce
Für den japanischen Kohlsalat
400 g Rotkohl, in Streifen gehobelt (ca. ¼ Kohlkopf)
400 g Weißkohl, in Streifen gehobelt (ca. ¼ Kohlkopf)
9 g Korianderblätter
2 Frühlingszwiebeln, in feine Ringe geschnitten

Für das Sesam-Dressing in einer kleinen Schüssel Tahin mit Essig, Wasser und Sojasauce glatt rühren. Beiseitestellen.

Für den japanischen Kohlsalat klein geschnittenen Rot- und Weißkohl mit Koriander und Frühlingszwiebeln in einer großen Schüssel mischen.

Nori-Streifen, ungeröstete Sesamsamen und Salz in einer flachen Schale vermengen. Die Fischfilets in der Nori-Sesam-Mischung gründlich wenden.

Die Hälfte des Öls in einer großen beschichteten Pfanne bei mittlerer Temperatur erhitzen. Darin 2 Fischfilets 3 Min. von jeder Seite braten, bis sie goldbraun und knusprig sind. Herausnehmen, die Pfanne mit Küchenpapier sauber auswischen, dann das restliche Öl erhitzen und darin die übrigen 2 Fischfilets goldbraun und knusprig braten.

Zum Servieren den japanischen Kohlsalat auf Teller verteilen und den Fisch darauf anrichten. Das Dressing mit geröstetem Sesam bestreuen und über den Fisch träufeln. **FÜR 4 PERSONEN**

+ Wir haben hier Schnapper verwendet, aber Sie können im Prinzip jeden Fisch wählen, der möglichst nachhaltig aufgezogen beziehungsweise gefangen wurde.

knuspriges NUDEL-*Omelett*

150 g Reisnudeln
2 Knoblauchzehen, zerdrückt
2 EL fein geriebener Ingwer
2 EL Traubenkernöl oder ein anderes Speiseöl
120 g Brokkolini (etwa 6 Stängel), geputzt und längs halbiert
8 Eier, leicht verquirlt
100 g Bohnensprossen, geputzt
4 Frühlingszwiebeln, in feine Ringe geschnitten
6 g Korianderblätter mit zarten Stielen
Chilisauce und Ketjab Manis (süße Sojasauce) zum Servieren

Die Reisnudeln in einer hitzefesten Schüssel mit kochendem Wasser übergießen. Etwa 5 Min. quellen lassen, bis sie weich sind, anschließend abgießen und abtropfen lassen.

Knoblauch, Ingwer und Öl in einer Schüssel verrühren. Eine große beschichtete Pfanne bei hoher Temperatur erhitzen und die Hälfte des Knoblauch-Ingwer-Öls 1 Min. darin garen. Die Hälfte der Nudeln und die Hälfte der Brokkolini hinzufügen und unter Rühren 5 Min. anbraten, bis die Nudeln etwas knusprig werden. Die Hälfte der verquirlten Eier darübergießen und die Pfanne hin- und herschwenken, bis die Eier die Nudeln bedecken. In weiteren 4 Min. knusprig braten. Das Nudel-Omelett mit der Hälfte der Bohnensprossen, der Frühlingszwiebeln und des Korianders bestreuen und in der Mitte zusammenklappen.

Das Omelett von der Pfanne auf einen Teller gleiten lassen, warm halten und dann das zweite Nudel-Omelett zubereiten. Dafür die Pfanne sauber mit Küchenpapier auswischen und mit den restlichen Zutaten das Omelett zubereiten.

Die Nudel-Omeletts halbieren und auf Teller verteilen. Mit Chilisauce und Ketjab Manis servieren. **FÜR 4 PERSONEN**

SEIEN SIE KREATIV und *füllen Sie die knusprigen Omeletts mit Aromen Ihrer Wahl.* Ich mag besonders gern *Garnelen oder zerpflücktes gegartes Hähnchenfleisch.*

Kürbis-ROLLEN mit *Salbei und Feta*

1 EL Olivenöl extra vergine
1 Stange Lauch, klein geschnitten
300 g Kürbisfruchtfleisch, gerieben
2 EL fein gehackte Salbeiblätter
2 EL weiße Chia-Samen
4 EL gehackte glatte Petersilienblätter
160 g Ricotta
120 g Schafskäse (Feta), zerkrümelt
Meersalz und schwarzer Pfeffer aus der Mühle
375 g Dinkel-Blätterteig, TK-Ware aufgetaut
1 Ei, leicht verquirlt
schwarze Sesamsamen zum Bestreuen
Tomaten-Chutney (Fertigprodukt) zum Servieren (nach Belieben)

Das Olivenöl in einer großen beschichteten Pfanne mit hohem Rand bei mittlerer bis hoher Temperatur erhitzen. Den Lauch unter Rühren in 4 Min. darin weich dünsten.

Geriebenen Kürbis und Salbei hinzufügen und 4 Min. dünsten, bis der Kürbis weich ist. Den Inhalt der Pfanne in eine große Schüssel geben und mit Chia-Samen, Petersilie, Ricotta, Schafskäse, Salz und Pfeffer gründlich mischen. Im Kühlschrank auskühlen lassen.

Den Backofen auf 200° vorheizen.

Ein großes Backblech mit Backpapier auslegen. Die Teigplatte in zwei Rechtecke von 13,5 × 18 cm schneiden und auf das Backblech legen. Die Kürbismischung auf beide Hälften verteilen, dafür die Mischung jeweils in einer langen Rolle an einer Längsseite anhäufen. Die gegenüberliegenden Längsseiten mit etwa verquirltem Ei einpinseln und den Teig so aufrollen, dass die Füllung vom Teig bedeckt ist. Jede Rolle quer halbieren, sodass insgesamt 4 Stücke entstehen. Mit der Nahtseite nach unten auf das Backblech legen. Die Oberseiten mit einem scharfen Messer mehrmals einritzen, mit dem übrigen verquirlten Ei bestreichen und mit Sesamsamen bestreuen.

Im vorgeheizten Ofen 20 Min. backen, bis der Blätterteig aufgegangen und goldbraun und knusprig ist. Backblech aus dem Ofen nehmen und die Rollen auf dem Blech 10 Min. abkühlen lassen. Nach Belieben mit dem Tomaten-Chutney anrichten und warm servieren.

FÜR 4 PERSONEN

Ab IN DEN TIEFKÜHLER

Ein Tiefkühler voll mit NAHRHAFTEN GERICHTEN, die *in Minuten auf den Tisch* kommen, hat schon etwas sehr Beruhigendes. Doch das bedeutet nicht, dass es jeden Tag Bolognese geben muss! Diese Rezepte bieten Ihnen die Bequemlichkeit des Vorkochens und Tiefkühlens mit all den Vorzügen. Denken Sie etwa an tiefkühlfertige Lieblingsspeisen mit JEDER MENGE AN VARIATIONEN!

Grandmas
sugar (brown)
or margarine a spoonful
of salt
treacle or golden syrup
ginger
sifted flour & 1 cup
water
of carbonate soda las
margarine & sugar then egg

meisterliche Hühnerbrühe

1,5 l Hühnerbrühe
125 ml Shaoxing (chinesischer Kochwein) oder trockener Sherry
1 EL Sojasauce
1 EL brauner Zucker
6–8 Scheiben Ingwer
2 Knoblauchzehen, geschält und halbiert
2 Sternanis
1 Zimtstange
2 Frühlingszwiebeln, halbiert
4 Streifen Bio-Orangenschale
5 Hähnchenschenkelfilets (je 125 g), pariert und halbiert

In einem großen Topf Brühe mit Kochwein, Sojasauce, Zucker, Ingwer, Knoblauch, Sternanis, Zimtstange, Frühlingszwiebeln und Orangenschale verrühren und bei starker Hitze aufkochen. Die Temperatur reduzieren und alles 10 Min. köcheln lassen.

Das Hähnchenfleisch in die Grundbrühe einlegen und die Brühe erneut aufkochen. Die Temperatur auf schwache Hitze reduzieren, einen Deckel auflegen und das Hähnchen 12 Min. in der Brühe pochieren. Anschließend den Topf vom Herd nehmen und das Hähnchen in der Brühe abkühlen lassen.

Ingwer, Knoblauch, Sternanis, Zimtstange, Frühlingszwiebeln und Orangenschale aus der Brühe entfernen. Hähnchen und Brühe im Kühlschrank erkalten lassen. Anschließend in Gefrierbehälter füllen und in den Tiefkühler stellen. Hält sich im Tiefkühler bis zu 3 Monate.

FÜR 4 PERSONEN

Die unterschiedlichen GESCHMACKSNUANCEN in dieser Hühnersuppe sind einfach perfekt. *So viele Variationen fallen einem dazu ein* – WERDEN SIE KREATIV!

meisterliche Hühnerbrühe und *Nudel-Bowl*

In einem großen Topf 1 Rezeptmenge Meisterliche Hühnerbrühe (s. S. 148) bei mittlerer bis hoher Temperatur erhitzen. Dann 200 g Reisnudeln und 400 g Gai Lan (chinesischer Brokkoli) hinzufügen und 5 Min. in der Brühe pochieren. Zum Servieren Nudeln und Brühe auf Bowls verteilen, Gai Lan und Hähnchen darin anrichten. Mit zarten Korianderblättern garnieren. **FÜR 4 PERSONEN**

meisterliche Hühnerbrühe und *Chili-Blattkohl-Bowl*

In einem großen Topf 1 Rezeptmenge Meisterliche Hühnerbrühe (s. S. 148) bei mittlerer bis hoher Temperatur erhitzen. Dann jeweils 200 g Choi Sum und Pak Choi (chinesische Blattkohlarten) hinzufügen und 5 Min. in der Brühe pochieren. Zum Servieren Brühe, Choi Sum und Pak Choi sowie Hähnchenfleisch auf Bowls verteilen und mit Koriandergrün, gebratenen Chiliringen und Ingwer garnieren. **FÜR 4 PERSONEN**

Schweinefleisch-Fenchel-*Bällchen*

70 g frische Vollkorn-Weizenbrotbrösel
60 ml Milch
2¼ TL Fenchelsamen
1 TL Meersalzflocken
550 g Schweinehackfleisch+
2 TL Honig
20 g glatte Petersilienblätter, fein gehackt
2 EL Olivenöl extra vergine
2 Zweige Rosmarin

In einer kleinen Schüssel die Brotbrösel mit der Milch verrühren und 2 Min. einweichen lassen.

2 TL Fenchelsamen mit dem Salz im Mörser fein zerstoßen.

In einer großen Schüssel Schweinehackfleisch, eingeweichte Brotbrösel samt Flüssigkeit, Fenchelsalz, Honig und Petersilie gründlich vermischen. Jeweils 1 gehäuften EL Hackfleischmasse abstechen und zu einem Bällchen formen.

Das Olivenöl in einer großen beschichteten Pfanne bei mittlerer bis hoher Temperatur erhitzen. Rosmarin und ¼ TL Fenchelsamen 2 Min. darin rösten, bis beides aromatisch duftet. Die Fleischbällchen hinzufügen und 8–10 Min. unter gelegentlichem Wenden braten, bis sie rundherum gebräunt und durchgegart sind.

Vor dem Tiefkühlen die Fleischbällchen auskühlen lassen. Anschließend zwischen Backpapierlagen in einen luftdicht verschließbaren Gefrierbehälter schichten. Tiefgekühlt sind die Fleischbällchen bis zu 3 Monate haltbar. **FÜR 4 PERSONEN**

+ Nach Belieben können Sie das Schweinehackfleisch auch durch Hähnchenhackfleisch ersetzen.

Ein HERVORRAGENDES FLEISCHBÄLLCHEN sollte gut gewürzt sein, damit es möglichst *zu jeder Gelegenheit passt* – zu einem HERZHAFTEN NUDELGERICHT ebenso wie zu einem Imbiss, wenn unerwartet Freunde auf einen Drink vorbeikommen.

Schweinefleisch-FENCHEL-BÄLLCHEN zur *Antipasti-Platte*

In einer beschichteten Pfanne 1 Rezeptmenge Schweinefleisch-Fenchel-Bällchen (s. S. 152) bei mittlerer bis starker Hitze erwärmen. Die Fleischbällchen mit frischem Sauerteig- oder Vollkorn-Weizenbrot, gegrillten Zucchinischeiben, gegrilltem Radicchio, grünen Oliven, längs in Scheiben geschnittenen Gewürzgürkchen und Baby-Blattspinat auf einer Servierplatte anrichten. **FÜR 4 PERSONEN**

schweinefleisch-FENCHEL-BÄLLCHEN mit *Pasta, Parmesan und Zitrone*

In einer beschichteten Pfanne 1 Rezeptmenge Schweinefleisch-Fenchel-Bällchen (s. S. 152) bei mittlerer bis starke Hitze erwärmen. In einem großen Topf mit reichlich kochendem Salzwasser 400 g Vollkornspaghetti in etwa 8 Min. bissfest garen. Abseihen und abtropfen lassen, dann 1 EL abgeriebene Bio-Zitronenschale untermischen. Zum Servieren die Spaghetti auf Bowls verteilen und darauf die Fleischbällchen anrichten. Mit fein geriebenem Parmesan und jungen Basilikumblättern bestreuen und mit Salz und Pfeffer würzen. **FÜR 4 PERSONEN**

grüne MINESTRONE

1 EL Olivenöl extra vergine
1 Stange Lauch, geputzt und in feine Ringe geschnitten
1,5 l Hühner- oder Gemüsebrühe
110 g Freekeh, abgespült und abgetropft
2 kleine Zucchini, geraspelt
250 g Brokkoli, in kleine Röschen zerteilt
150 g grüne Bohnen, geputzt und klein geschnitten
140 g TK-Edamame-Kerne
1 EL fein abgeriebene Bio-Zitronenschale
4 EL glatte Petersilienblätter
4 EL Minzblätter
Meersalz und schwarzer Pfeffer aus der Mühle
fein geriebener Parmesan zum Servieren

In einer großen Pfanne das Olivenöl bei mittlerer bis hoher Temperatur erhitzen. Den Lauch 5 Min. darin andünsten. Brühe und Freekeh hinzufügen und aufkochen lassen. Die Hitze reduzieren, einen Deckel auflegen und den Freekeh 30 Min. garen.

Zucchini, Brokkoli, grüne Bohnen und Edamame dazugeben und ohne Deckel 10 Min. mitgaren.

Zitronenabrieb, Petersilie und Minze einrühren. Die Minestrone mit Salz und Pfeffer würzen und mit Parmesan bestreuen.

Vor dem Tiefkühlen die Minestrone auskühlen lassen, dann gleichmäßig auf luftdicht verschließbare Gefrierbehälter verteilen. Tiefgekühlt ist die Suppe bis zu 3 Monate haltbar. **FÜR 4 PERSONEN**

Die Minestrone hat *mit meinem liebsten grünen Gemüse und spritziger Zitrone sowie Kräutern* eine echte FRISCHEKUR erfahren. Die perfekte Suppe, die Sie immer GRIFFBEREIT im Tiefkühler haben sollten.

grüne MINESTRONE mit *Minzpesto*

In einem großen Topf 1 Rezeptmenge Grüne Minestrone (s. S. 156) bei mittlerer bis hoher Temperatur erhitzen. Für das Minzpesto 5 g grob gehackte Minzblätter, 20 g fein geriebenen Parmesan, 2 EL geröstete und grob gehackte Pinienkerne, 1 TL fein abgeriebene Bio-Zitronenschale, 60 ml Olivenöl extra vergine, Salz und Pfeffer in einer mittelgroßen Schüssel vermengen. Zum Servieren die Minestrone auf Bowls verteilen und das Minzpesto dazu servieren. **FÜR 4 PERSONEN**

grüne MINESTRONE *mit Ahornsirup-Pancetta*

In einem großen Topf 1 Rezeptmenge Grüne Minestrone (s. S. 156) bei mittlerer bis hoher Temperatur erhitzen. Für die Ahornsirup-Pancetta den Grill stark erhitzen. Jeweils eine Seite von 12 dünnen Scheiben Pancetta mit Ahornsirup bestreichen und die Pancetta knusprig grillen. Zum Servieren die grüne Minestrone auf Bowls verteilen und mit knusprigen Pancettascheiben und fein geriebenem Parmesan garnieren.

FÜR 4 PERSONEN

asiatisches ZITRONENGRAS-*Schweinehack*

6 dünne Scheiben Ingwer
2 Knoblauchzehen, grob gehackt
2 Stängel Zitronengras, geputzt und klein geschnitten
2 große rote Chilischoten, entkernt und klein gehackt, plus 1 in feine Ringe geschnittene Chilischote zum Garnieren
½ rote Zwiebel, gewürfelt
4 Kaffirlimettenblätter, in feine Streifen geschnitten, plus einige fein geschnittene Blätter zum Garnieren
1 EL Olivenöl extra vergine
500 g Schweinehackfleisch+
in feine Streifen geschnittene Frühlingszwiebel zum Garnieren
Für die Sauce
2 EL Reisessig
1 EL Fischsauce
1 EL brauner Zucker

Ingwer, Knoblauch, Zitronengras, Chilis, Zwiebel und Kaffirlimettenblätter im Blitzhacker fein zerkleinern.

In einer großen beschichteten Pfanne das Olivenöl bei mittlerer bis hoher Temperatur erhitzen und die Ingwer-Zitronengras-Mischung darin 5 Min. garen, bis sie aromatisch duftet.

Das Hackfleisch hinzufügen, mit einem Holzlöffel zerteilen und in 8 Min. goldbraun und krümelig braten.

Für die Sauce Essig, Fischsauce und Zucker in einer kleinen Schüssel verrühren. Zur Hackfleischmasse geben und gut unterrühren, bis sich der Zucker aufgelöst hat.

Das Hackfleisch mit Frühlingszwiebel, Chiliringen und extra Kaffirlimettenblättern garnieren und warm servieren.

Vor dem Tiefkühlen das Hackfleisch auskühlen lassen und dann in einen luftdicht verschließbaren Gefrierbehälter geben. Tiefgekühlt ist das Fleisch bis zu 3 Monate haltbar. **FÜR 4 PERSONEN**

+ Nach Belieben können Sie das Schweinehackfleisch auch durch Hähnchenhackfleisch ersetzen.

Es fühlt sich gut an, **zu wissen, dass im Tiefkühler eine komplett GEWÜRZTE GRUNDZUTAT liegt. So lässt sich das *aufgetaute Abendessen* nicht nur SUPEREINFACH zubereiten, sondern es schmeckt auch noch großartig!**

asiatisches ZITRONENGRAS-SCHWEINEHACK **mit** ***Nudeln und Bohnen***

In einer großen beschichteten Pfanne 1 Rezeptmenge Asiatisches Zitronengras-Schweinehack (s. S. 160) bei mittlerer bis hoher Temperatur erhitzen. In einer großen hitzefesten Schüssel 200 g Reisnudeln mit kochendem Wasser übergießen und nach Packungsanweisung weiterverarbeiten. Zum Servieren Reisnudeln, 350 g blanchierte und halbierte grüne Bohnen sowie das Hackfleisch auf Bowls verteilen. Mit Minze, Thai-Basilikum, feinen grünen Chiliringen und Limettenspalten garnieren. **FÜR 4 PERSONEN**

asiatisches ZITRONENGRAS-SCHWEINEHACK **auf** ***Salatblättern***

In einer großen beschichteten Pfanne 1 Rezeptmenge Asiatisches Zitronengras-Schweinehack (s. S. 160) bei mittlerer bis hoher Temperatur erhitzen. In einer Schüssel 3 in Juliennestreifen geschnittene Salatgurken mit 8 g Korianderblättern und 10 g Minzblättern mischen. Das Hackfleisch auf 8–12 Kopfsalatblättern anrichten und mit Kräuter-Gurkenstreifen und feinen grünen Chiliringen garnieren. Mit Limettenspalten servieren. **FÜR 4 PERSONEN**

gemogelte RÖSTKÜRBIS-*Suppe*

1,8 kg Butternusskürbis, halbiert und Kerne entfernt
2 Zwiebeln, ungeschält halbiert
1 Knoblauchknolle
60 ml Olivenöl extra vergine
Meersalz und schwarzer Pfeffer aus der Mühle
1 l Hühner- oder Gemüsebrühe
250 ml Wasser
80 g Sahne
2 TL Dijonsenf

Den Backofen auf 220° vorheizen.

Kürbis- und Zwiebelhälften mit den Schnittflächen nach oben auf einem mit Backpapier ausgelegten Backblech verteilen. Die Knoblauchknolle dazugeben. Alles mit Olivenöl beträufeln und mit Salz und Pfeffer würzen. Mit einer Lage Backpapier abdecken, dann das Blech mit Alufolie fest verschließen.

Im vorgeheizten Ofen 45 Min. backen, anschließend Alufolie und Backpapier abnehmen und das Gemüse weitere 20 Min. backen, bis die Zwiebeln karamellisiert sind und der Kürbis weich ist. Beiseitestellen und lauwarm abkühlen lassen. Das Fruchtfleisch aus dem Kürbis löffeln und in einen großen Topf geben. Zwiebeln und Knoblauch aus den Schalen/Häuten lösen und das Fruchtfleisch ebenfalls in den Topf geben.

Brühe und Wasser dazugießen. Die Suppe mit dem Pürierstab pürieren, dann bei starker Hitze einmal aufkochen.

Sahne und Dijonsenf in einer kleinen Schüssel verrühren. Vor dem Servieren die Suppe mit Pfeffer würzen und mit Senfsahne beträufeln.

Soll die Suppe tiefgekühlt werden, einfach die Senfsahne weglassen. Vor dem Tiefkühlen die Suppe auskühlen lassen und dann in luftdicht verschließbare Gefrierbehälter geben. Tiefgekühlt ist die Suppe bis zu 3 Monate haltbar. **FÜR 4 PERSONEN**

Meine klassische Kürbissuppe OHNE SCHÄLEN ist für *viele zu einem echten Standardgericht* avanciert. Deshalb habe ich GESCHMACKS-OPTIONEN kreiert, die das Lieblingsessen *noch raffinierter machen.*

scharfe ROTE-CURRY-*Kürbissuppe*

In einem großen Topf bei mittlerer bis hoher Temperatur 2 EL rote Currypaste 2 Min. rösten, bis sie aromatisch duftet. 125 ml Kokoscreme unterrühren. Dann 1 Rezeptmenge Gemogelte Röstkürbis-Suppe (s. S. 164) hinzufügen und unter gelegentlichem Rühren 4–5 Min. erwärmen. Die Suppe auf Bowls verteilen und zusätzliche Kokoscreme einrühren. Mit Korianderblättern und feinen roten und grünen Chiliringen garnieren. **FÜR 4 PERSONEN**

Thai-KÜRBISSUPPE *mit Hähnchen*

In einem großen Topf bei mittlerer bis starker Hitze 1 Rezeptmenge Gemogelte Röstkürbis-Suppe (s. S. 164) erwärmen. Dann 400 g dünne Scheiben Hähnchenbrust sowie 2 TL Fischsauce und 1½ EL Limettensaft hinzufügen. Unter Rühren etwa 2 Min. köcheln lassen, bis das Hähnchenfleisch durchgart ist. 4 EL gehackte Korianderblätter unterrühren. Die Suppe auf Bowls verteilen und mit feinen grünen Chiliringen sowie violetten Shiso-Blättern garnieren. Limettenstücke zum Beträufeln dazu reichen. **FÜR 4 PERSONEN**

schwarze-BOHNEN-*Bologinese*

1 EL Olivenöl extra vergine
1 Zwiebel, klein gewürfelt
1 Knoblauchzehe, zerdrückt
250 g Rinderhackfleisch
1 Dose Kirschtomaten (400 g)
1 Dose schwarze Bohnen (240 g Abtropfgewicht), abgespült und abgetropft
125 ml passierte Tomaten
125 ml Rinderbrühe
Meersalz und schwarzer Pfeffer aus der Mühle

In einer großen Pfanne mit hohem Rand das Olivenöl bei mittlerer Temperatur erhitzen. Zwiebel und Knoblauch 5 Min. darin dünsten, bis die Zwiebel gerade weich ist. Das Hackfleisch hinzufügen und unter Rühren in etwa 5 Min. braun anbraten.

Kirschtomaten, schwarze Bohnen, passierte Tomaten, Brühe, Salz und Pfeffer hinzufügen und alles 20 Min. köcheln lassen, dabei immer wieder umrühren, bis die Mischung eingedickt ist.

Vor dem Tiefkühlen die Bolognese auskühlen lassen und dann in einen luftdicht verschließbaren Gefrierbehälter geben. Tiefgekühlt ist die Bolognese bis zu 3 Monate haltbar. **FÜR 4 PERSONEN**

Es ist an sich ja nichts Neues, Bolognese im Tiefkühler zu haben, aber wenn Sie diese SUPERGESUNDEN schwarzen Bohnen und kleine *Farbkleckse süßer Kirschtomaten* hinzufügen, dann wird daraus eine neue und unerwartete KÖSTLICHKEIT.

schwarze-BOHNEN-BOLOGNESE mit *Gemüse-Spaghetti*

In einer großen Pfanne mit hohem Rand 1 Rezeptmenge Schwarze-Bohnen-Bolognese (s. S. 168) bei mittlerer Temperatur erhitzen. In einem großen Topf 200 g Vollkornspaghetti in reichlich Salzwasser in etwa 8 Min. bissfest garen. Abseihen und abtropfen lassen. Mit einem Julienneschneider 2 Zucchini (je 200 g) und 2 Möhren (je 200 g) in feine lange Streifen schneiden. Zum Servieren die Zucchini- und Möhrenstreifen mit den Nudeln auf Teller verteilen und die Schwarze-Bohnen-Bolognese darauf anrichten. Mit Basilikumblättern und fein geriebenem Parmesan bestreuen. **FÜR 4 PERSONEN**

Pie MIT SCHWARZE-BOHNEN-BOLOGNESE, *Pastinake, Sellerie* und *Grünkohl*

In einer Pfanne 1 EL Olivenöl bei mittlerer Temperatur erhitzen. 1 fein geschnittene Lauchstange unter Rühren in 5 Min. darin weich dünsten. Je 250 g Pastinake und Knollensellerie schälen, klein schneiden und 1 Min. mitgaren. 125 ml Milch zugießen. Das Gemüse zugedeckt in 30 Min. weich garen. Dann pürieren oder fein zerstampfen. 25 g fein gehackten Grünkohl unterrühren. Ofen auf 220° vorheizen. 1 Rezeptmenge erwärmte Schwarze-Bohnen-Bolognese (s. S. 168) auf vier Auflaufförmchen (375 ml) verteilen. Das Gemüse darauflöffeln. Im Ofen in 15 Min. überbräunen. **FÜR 4 PERSONEN**

Süßes

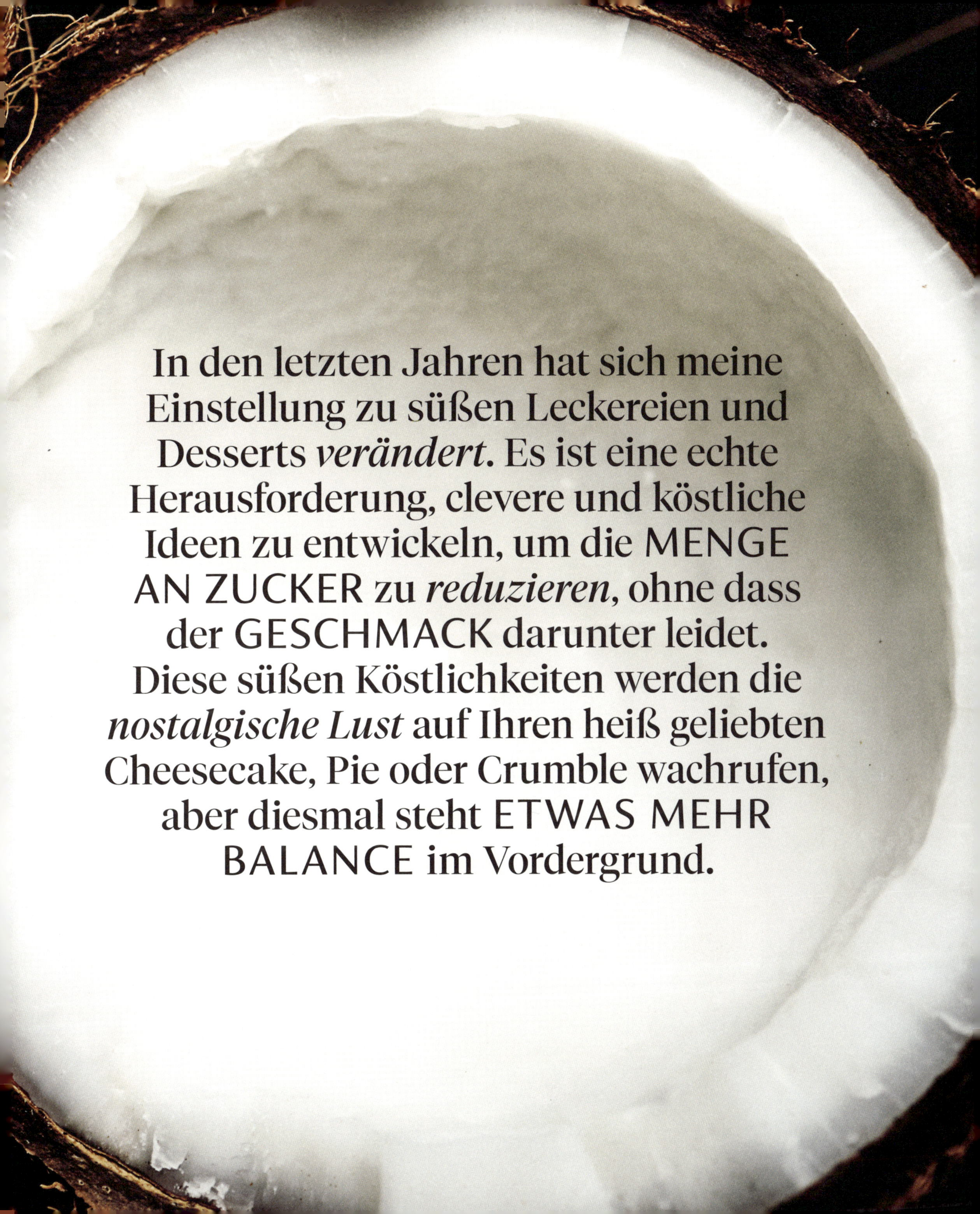

In den letzten Jahren hat sich meine Einstellung zu süßen Leckereien und Desserts *verändert*. Es ist eine echte Herausforderung, clevere und köstliche Ideen zu entwickeln, um die MENGE AN ZUCKER zu *reduzieren*, ohne dass der GESCHMACK darunter leidet. Diese süßen Köstlichkeiten werden die *nostalgische Lust* auf Ihren heiß geliebten Cheesecake, Pie oder Crumble wachrufen, aber diesmal steht ETWAS MEHR BALANCE im Vordergrund.

sommerfrüchte mit *Honig-Baisers*

4–5 Steinobstfrüchte der Saison
55 g feiner Rohrohrzucker
250 g TK-Himbeeren
Für die Honig-Baisers
2 Eiweiß
1 TL Vanillepaste
1 EL Honig

Den Backofen auf 180° vorheizen.

Die Früchte halbieren, entsteinen und mit den Schnittflächen nach oben auf ein mit Backpapier ausgelegtes Backblech setzen. Die Schnittflächen mit 1 EL Zucker bestreuen.

In einer Schüssel die gefrorenen Himbeeren mit dem restlichen Zucker mischen und rund um die Früchte auf dem Backblech verteilen. Im vorgeheizten Ofen 10 Min. garen. Das Blech herausnehmen und beiseitestellen.

Die Temperatur des Backofens auf 220° erhöhen.

Für die Honig-Baisers die Eiweiße mit der Vanillepaste im Mixer oder mit dem elektrischen Handrührgerät zu Schnee schlagen, bis sich weiche Spitzen bilden. Langsam den Honig hineinträufeln und weiterschlagen, bis der Eischnee steif ist und glänzt. Mit einem Löffel die Steinobstfrüchte mit Honig-Baiser-Masse füllen. Im Backofen 3 Min. überbräunen. **FÜR 4 PERSONEN**

Dieses ganz einfache Dessert vom BACKBLECH feiert *meine Lieblings-Sommerfrüchte.* Alle Aromen kommen harmonisch zusammen – von dem intensiven Geschmack der Himbeersauce bis zur SÜSSEN WOLKE des *Honig-Baisers.*

mango- und KOKOS-SORBET

geröstete Kokosflocken zum Garnieren
Für das Kokos-Sorbet
110 g feiner Rohrohrzucker
125 ml kochend heißes Wasser
500 ml Kokosmilch
1 TL Vanilleextrakt
Für das Mango-Sorbet
55 g feiner Rohrohrzucker
80 ml kochend heißes Wasser
375 ml frisches Mangopüree (von ca. 3 Mangos)
2 EL Limettensaft
1 TL fein abgeriebene Bio-Limettenschale

Für das Kokos-Sorbet in einer hitzefesten Schüssel den Zucker unter Rühren im kochend heißen Wasser auflösen. Kokosmilch und Vanilleextrakt unterrühren. Die Masse in einem großen flachen Metallbehälter 2 Std. tiefkühlen.

Für das Mango-Sorbet in einer hitzefesten Schüssel den Zucker unter Rühren im kochend heißen Wasser auflösen. Mangopüree, Limettensaft und -abrieb unterrühren. Die Masse in einem großen flachen Metallbehälter 2 Std. tiefkühlen.

Mit einer Gabel beide Sorbets kräftig durchrühren. Nochmals für 1 Std. zurück in den Tiefkühler geben, bis sie fest sind.

Zum Servieren die Sorbets noch einmal mit einer Gabel durchrühren, dann in Dessertschalen anrichten. Mit gerösteten Kokosflocken bestreuen. **FÜR 4–6 PERSONEN**

Das ist ein Dessert, wie ich es liebe. Ein FEINES tropisches Sorbet, das *genau die richtige Süße* hat und eine absolut erfrischende Köstlichkeit ist. Servieren Sie es in Kokosnusshälften für ein superentspanntes EXOTIK-FEELING.

Kokos-Blechkuchen MIT Passionsfrucht und *Chia-Samen*

60 g gemahlene Mandeln
40 g feine Kokosraspel
80 g Mandelmus
2 EL feiner Rohrohrzucker
2 EL Ahornsirup
Für den Passionsfrucht-Chia-Belag
360 g frisches Passionsfruchtmark (von etwa 12–15 Früchten)
60 ml Ahornsirup
2 EL weiße Chia-Samen
Für die Kokoskruste
115 g grobe Kokosraspel
2 Eiweiß
2 EL feiner Rohrohrzucker

Den Backofen auf 160° vorheizen.

Für den Belag Passionsfruchtmark und Ahornsirup in einem Topf verrühren und bei mittlerer Temperatur kurz aufwallen lassen. Anschließend 8–10 Min. köcheln lassen, bis die Masse etwas eingedickt ist. Den Topf vom Herd nehmen und die Chia-Samen einrühren. 20 Min. ruhen lassen.

Für den Teigboden ein quadratisches Backblech (20 cm Kantenlänge) mit Backpapier auslegen. Gemahlene Mandeln, Kokosraspel, Mandelmus, Zucker und Ahornsirup zu einem Teig verrühren. Den Teig gleichmäßig auf dem Formboden verteilen und im vorgeheizten Backofen 15 Min. backen, bis er goldbraun ist. 15 Min. abkühlen lassen.

Inzwischen die Kokoskruste vorbereiten. Dafür grobe Kokosraspel, Eiweiße und Zucker verrühren.

Den Passionsfrucht-Belag auf dem Teigboden glatt verstreichen und die Kokos-Eiweiß-Mischung gleichmäßig darauf verteilen. Im Ofen in 20 Min. leicht goldbraun backen. Abkühlen lassen, dann 2–3 Std. in den Kühlschrank stellen. Vor dem Servieren den Kuchen in Stücke schneiden. **ERGIBT 12 KUCHENSTÜCKE**

Die Kombination aus Passionsfrucht und Kokos SCHMECKT NACH SOMMER. Ich habe die Essenz des Sommers in diesen *Kuchenstücken* festgehalten, die *ideal zum Mitnehmen sind.*

Kokos-Eiscreme MIT *Miso-Karamell-Sauce*

3 Dosen Kokoscreme (je 400 g)+
250 ml heller Agavendicksaft
2 TL Vanilleextrakt
½ TL Xanthan (natürliches Verdickungsmittel)
Für den Miso-Karamell
1½ EL weiße Misopaste (Shiro)
125 ml Ahornsirup
1 TL Vanilleextrakt

Eine quadratische Metallform (20 cm Kantenlänge) in den Tiefkühler stellen und vorkühlen.

Kokoscreme, Agavendicksaft und Vanille in eine Rührschüssel geben und 30 Min. tiefkühlen. Anschließend die Kokosmischung mit dem elektrischen Handrührgerät aufschlagen und bei laufendem Motor das Xanthan hineinsieben. So lange schlagen, bis die Masse dickcremig ist. In der vorgekühlten Metallform verteilen und 6 Std. oder über Nacht durchfrieren lassen.

Für den Miso-Karamell Misopaste, Ahornsirup und Vanille in einem Topf bei niedriger Temperatur erhitzen und unter gelegentlichem Rühren zu einer glatten, leicht dicklichen Creme einkochen.

Die Kokos-Eiscreme 10 Min. vor dem Servieren aus dem Tiefkühler nehmen. Dann auf Dessertschalen verteilen und mit dem Miso-Karamell beträufeln. **FÜR 8 PERSONEN**

+ Wir finden, dass sich eine hochwertige dickcremige Kokoscreme für dieses Rezept am besten eignet.

Das Umami des Miso gibt diesem upgedateten SALZKARAMELL eine neue Geschmackstiefe. Er ist ein *großartiger Partner für diese gehaltvolle cremige Kokos-Eiscreme.*

gegrillte VANILLEPFIRSICHE *mit* Mandel-Crunch

4 Pfirsiche, halbiert und entsteint
2 TL Vanillepaste
Kokos- oder Vanille-Eiscreme zum Servieren (nach Belieben)
Für den Mandel-Crunch
60 g gemahlene Mandeln
50 g Mandelblättchen
55 g feiner Rohrohrzucker
2 TL Wasser
Meersalzflocken

Den Backofen auf 160° vorheizen.

Für den Mandel-Crunch gemahlene Mandeln, Mandelblättchen und Zucker mit dem Wasser verrühren. Auf ein mit Backpapier ausgelegtes Backblech löffeln und etwas flach streichen. Mit ein paar Meersalzflocken bestreuen und im vorgeheizten Ofen in 20 Min. goldgelb backen. Auf dem Backblech abkühlen lassen.

Für die Pfirsiche den Grill anzünden oder eine Grillpfanne stark erhitzen. Die Schnittfläche jeder Pfirsichhälfte mit Vanillepaste einpinseln. Pfirsiche mit den Schnittflächen nach unten 1–2 Min. grillen, bis sie leicht gebräunt sind.

Die Pfirsiche auf Desserttellern anrichten und mit Mandel-Crunch bestreuen. Nach Belieben 1 Kugel Eiscreme dazu servieren.

FÜR 4 PERSONEN

Das Feuer eines Grills und ein *Hauch Vanillepaste* betonen die NATÜRLICHE SÜSSE dieser sommerlichen Steinfrucht ganz besonders gut. Wenn Sie dann noch Texturen wie diesen *knusprigen Mandel-Crunch* und samtige Eiscreme hinzufügen – HIMMLISCH!

aperol-SPRITZ-Granita

250 ml Aperol
250 ml Prosecco
180 ml heller Agavendicksaft
250 ml Mineralwasser
375 ml Orangensaft
in Scheiben geschnittene Bio-Orange zum Garnieren

Aperol, Prosecco, Agavendicksaft, Mineralwasser und Orangensaft in einer Schüssel verrühren. Die Mischung in einen Metallbehälter gießen und im Tiefkühler in 3 Std. oder über Nacht fest werden lassen.

Zum Servieren die Granita mit einer Gabel kräftig durchrühren, auf Gläser verteilen und jedes Glas mit 1 Orangenscheibe garnieren.

FÜR 4 PERSONEN

Hier ist eine weitere Entschuldigung, um jedermanns *Lieblings-Sommerdrink* zu genießen. Ich habe geschmacklich noch MEHR SPRITZIGKEIT hinzugefügt, um einen *erfrischenden eisgekühlten Aperol* zu kredenzen.

bratäpfel MIT Streuseln

4 rote Äpfel, die Kerngehäuse mit dem Apfelausstecher entfernt
1 Vanilleschote, geviertelt
Für die Streusel
60 g Haferflocken
30 g gemahlene Mandeln
125 ml Ahornsirup
1 TL Zimtpulver
Für den Zimt-Vanille-Joghurt
210 g dickcremiger griechischer Naturjoghurt
2 TL Vanillepaste
½ TL Zimtpulver
1 EL Ahornsirup

Den Backofen auf 180° vorheizen.

Für die Streusel Haferflocken, gemahlene Mandeln, Ahornsirup und Zimt in einer Schüssel mischen.

Die Äpfel auf ein mit Backpapier ausgelegtes Backblech setzen. Mit einem kleinen scharfen Messer rund um die Mitte jedes Apfels eine Linie einritzen, damit die Äpfel beim Braten im Ofen nicht auseinanderbrechen. Die Äpfel mit den Streuseln füllen. Die restlichen Streusel als kleine Nester unter jeden Apfel setzen.

Jeweils 1 Stück Vanilleschote in die Mitte der Streuselfüllung drücken und die Äpfel im vorgeheizten Backofen 20–25 Min. braten, bis die Streusel knusprig und die Äpfel gerade weich sind.

Inzwischen den Zimt-Vanille-Joghurt zubereiten. Dafür in einer Schüssel Joghurt mit Vanillepaste, Zimt und Ahornsirup glatt rühren.

Die Bratäpfel in Dessertschalchen setzen und mit dem Zimt-Vanille-Joghurt servieren. **FÜR 4 PERSONEN**

Ich mag den Anblick der *roten Bratäpfel mit Streuseln und Vanilleschoten-Stiel.* SEIEN SIE GROSSZÜGIG, wenn Sie das Kerngehäuse entfernen. Dann bleibt mehr Platz für die knusprigen ZIMT-Streusel in den Äpfeln.

WOMAN'S TESTED RECIPES

Weiche SCHOKO-Mandel-*Riegel*

250 g Mandelmus
125 ml Ahornsirup
60 g Kokosmehl
45 g Haferflocken
2 TL Vanilleextrakt
Für das Schoko-Mandel-Topping
180 g dunkle Schokolade (70% Kakaoanteil), gehackt
125 g Mandelmus

Eine quadratische Backform (20 cm Kantenlänge) mit Backpapier auslegen, dabei das Papier an allen Seiten leicht überstehen lassen.

Mandelmus, Ahornsirup, Kokosmehl, Haferflocken und Vanilleextrakt in einer Schüssel verrühren. Die Masse mit einem Löffelrücken gleichmäßig auf dem Boden der vorbereiteten Form verteilen.

Für das Schoko-Mandel-Topping die gehackte Schokolade in einer hitzefesten Schüssel über dem Wasserbad unter Rühren schmelzen. Das Mandelmus hinzufügen und glatt unterrühren. Die Schokoladenmasse auf den Teigboden gießen und gleichmäßig verstreichen. 1 Std. in den Kühlschrank stellen und fest werden lassen.

In 18 schmale Riegel schneiden und diese in einem luftdicht verschlossenen Behälter im Kühlschrank aufbewahren. **ERGIBT 18 STÜCK**

Was gibt es Besseres, als einen *Vorrat an guten Snacks* stets griffbereit zu haben, wenn einen die LUST auf Süßes überkommt? Diese wunderbar einfachen, superköstlichen *ungebackenen Riegel* schaffen es, das SÜSSE VERLANGEN zu stillen.

schoko-FUDGE-*Kuchen*

180 ml mildes Olivenöl extra vergine
125 ml Milch oder Nussdrink
125 ml Ahornsirup
6 Eier
110 g feiner Rohrohrzucker
2 TL Vanilleextrakt
3 TL Backpulver
75 g Kakaopulver
420 g gemahlene Mandeln
Für die Schokoglasur
180 g Cashew-Mus
125 ml Ahornsirup
35 g Kakaopulver
2 EL Milch oder Nussdrink

Den Backofen auf 160° vorheizen. Zwei runde Backformen von 20 cm Durchmesser mit Backpapier auskleiden.

In einer großen Schüssel Olivenöl, Milch, Ahornsirup, Eier, Zucker und Vanilleextrakt verquirlen.

Das Backpulver und das Kakaopulver in die Milchmischung sieben und mit den gemahlenen Mandeln unterrühren. Den Teig in die vorbereiteten Backformen geben und die Oberseiten glatt streichen. Im vorgeheizten Ofen 30–35 Min. backen (Stäbchenprobe machen). Aus dem Backofen nehmen und auf Kuchengittern abkühlen lassen.

Für die Schokoglasur Cashew-Mus und Ahornsirup verrühren. Das Kakaopulver hineinsieben und gut unterrühren. Gerade so viel Milch einrühren, dass die Masse sich gut verstreichen lässt. Mit dem elektrischen Handrührgerät cremig rühren.

1 Kuchenboden mit der Hälfte der Schokoglasur bestreichen. Den zweiten Kuchenboden auflegen und die restliche Schokoglasur darauf verstreichen. **ERGIBT 10–12 KUCHENSTÜCKE**

Dieser Kuchen sieht nicht nur SÜNDHAFT GUT aus, er schmeckt auch so. Und dabei steckt er VOLL FEINER Zutaten (die zudem gesund sind). Dieser gehaltvolle samtige Kuchen mit der *absolut einfachsten Schokoglasur* avanciert garantiert zu einem Ihrer liebsten SCHOKOLADENKUCHEN.

gebackener TOFU-Schoko-*Cheesecake*

halbierte Heidelbeeren zum Servieren
geschlagene Kokoscreme zum Servieren (nach Belieben)
Für den Kuchenboden
50 g feine Kokosraspel
160 g Cashew-Mus
60 ml Ahornsirup
Für den Belag
500 g Seidentofu, raumtemperiert
160 g brauner Zucker
200 g dunkle Schokolade (70% Kakaoanteil), geschmolzen und leicht abgekühlt
2 EL Kakaopulver
1½ EL Speisestärke

Den Backofen auf 160° vorheizen. Eine runde Springform von 22 cm Durchmesser mit Backpapier auslegen.

Für den Kuchenboden Kokosraspel, Cashew-Mus und Ahornsirup zu einem Teig verrühren. In der vorbereiteten Form gleichmäßig verteilen und im vorgeheizten Backofen in 10 Min. goldbraun backen.

Für den Belag Tofu, braunen Zucker, geschmolzene Schokolade, Kakaopulver und Speisestärke in der Küchenmaschine glatt rühren. Gleichmäßig über den Kuchenboden gießen und im vorgeheizten Backofen 30 Min. backen, bis der Belag gerade eben fest ist.

Aus dem Ofen nehmen und 30 Min. abkühlen lassen. Anschließend 2 Std. im Kühlschrank erkalten lassen. Den Cheesecake in 12 Tortenstücke schneiden und mit den Heidelbeeren und der geschlagenen Kokoscreme servieren. **ERGIBT 12 KUCHENSTÜCKE**

Lassen Sie sich vom Tofu nicht abschrecken. Dieser Cheesecake hat eine schokoladige, GEHALTVOLLE MOUSSE-ähnliche Konsistenz, die absolut umwerfend ist. *Das perfekte Rezept,* das Sie immer dann herauskramen können, wenn sich vegane oder LAKTOSEINTOLERANTE Freunde zum Kaffee ankündigen.

hafer-KOKOS-COOKIES mit *Schoko-Ganache*

45 g Haferflocken
40 g feine Kokosraspel
185 g Mandelmus
30 g gemahlene Mandeln
75 g Kokoszucker
60 ml Ahornsirup
1 TL Vanilleextrakt
Für die Ganache-Füllung
100 g dunkle Schokolade (70% Kakaoanteil), gehackt
60 g Mandelmus

Den Backofen auf 160° vorheizen.

Haferflocken, Kokosraspel, Mandelmus, gemahlene Mandeln, Kokoszucker, Ahornsirup und Vanilleextrakt in einer Schüssel gründlich vermengen. Jeweils 1 gehäuften TL von der Mischung abstechen und zu einem Bällchen formen; die Mischung zu insgesamt 28 Bällchen verarbeiten. Diese im Abstand von 3 cm auf ein mit Backpapier ausgelegtes Backblech geben und leicht flach drücken.

Im vorgeheizten Backofen in 10–12 Min. goldbraun backen. Auf dem Backblech abkühlen lassen.

Während die Cookies backen, die Ganache-Füllung zubereiten. Die gehackte Schokolade in einer hitzefesten Schüssel über dem Wasserbad schmelzen. Die geschmolzene Schokolade mit dem Mandelmus verrühren. Etwa 10 Min. abkühlen lassen, bis die Masse eine streichfähige Konsistenz hat.

Immer 2 abgekühlte Cookies mit etwas Ganache zusammensetzen. Die Cookies in einem luftdicht verschlossenen Behälter im Kühlschrank aufbewahren. **ERGIBT 14 GEFÜLLTE COOKIES**

Dieses Gebäck erinnert mich an die LIEBLINGSKEKSE meiner Kindheit … sie sind nur viel, viel besser. *Karamellige, knusprige Hafer-Cookies* mit einer SAMTIGEN Schokoladenfüllung. *Es fällt einem schwer, nach einem Cookie aufzuhören.*

karamellisierte BANANEN-Tarte *Tatin*

2 Bananen
80 ml Ahornsirup plus etwas mehr zum Servieren
Für den Tarteboden
3 Bananen (260 g), das Fruchtfleisch zu Mus zerdrückt
60 ml Milch oder Nussdrink
125 ml Ahornsirup
160 ml mildes Olivenöl extra vergine
3 Eier, leicht verquirlt
1 TL Vanilleextrakt
2 TL Zimtpulver
140 g Vollkorn-Dinkelmehl
3 TL Backpulver
120 gemahlene Mandeln

Den Backofen auf 160° vorheizen. Eine runde Backform+ von 20 cm Durchmesser mit Backpapier auslegen.

Die beiden Bananen schälen und der Länge nach in dicke Scheiben schneiden. Den Ahornsirup auf den Boden der vorbereiteten Backform träufeln und darauf die Bananenscheiben legen.

Für den Tarteboden die zerdrückten Bananen, Milch, Ahornsirup, Olivenöl, Eier, Vanilleextrakt und Zimt in einer großen Schüssel glatt rühren. Das Mehl mit dem Backpulver einsieben und die gesiebten Spelze ebenfalls dazugeben. Die gemahlenen Mandeln hinzufügen und alles zu einem glatten Teig verrühren. Den Teig auf den Bananenscheiben in der vorbereiteten Backform verstreichen.

Im vorgeheizten Backofen 55 Min. backen (Stäbchenprobe machen). Aus dem Backofen nehmen und in der Form 15 Min. abkühlen lassen. Auf eine Tortenplatte stürzen und mit extra Ahornsirup beträufeln.

ERGIBT 10–12 KUCHENSTÜCKE

+ Für diese Tarte eine runde Backform und keine Springform verwenden.

Die karamellisierten AHORNSIRUP-Bananen heben den *klassischen Bananenkuchen* auf eine völlig neue Stufe mit erhöhtem Wow-Faktor. Das verdankt der Kuchen seiner GOLDGELBEN GLASUR und der *sirupartigen Köstlichkeit*.

mandel-CRISP mit *Ahornsirup-Birnen*

120 g gemahlene Mandeln
95 g Mandelblättchen
2 Eiweiß
55 g feiner Rohrohrzucker
1 feste braune Birne (z.B. Boscs Flaschenbirne)
2 EL Ahornsirup
Bourbon-Vanille-Eiscreme oder Joghurt zum Servieren

Den Backofen auf 180° vorheizen.

In einer mittelgroßen Schüssel gemahlene Mandeln, Mandelblättchen, Eiweiße und Zucker verrühren. Die Masse in vier Portionen teilen und jede Portion auf einem mit Backpapier ausgelegten Backblech zu einem 10 cm großen Kreis verstreichen. Die Tartes im vorgeheizten Backofen 10 Min. backen.

Die Birne der Länge nach halbieren und das Kerngehäuse entfernen. Jede Hälfte nochmals halbieren, sodass sich insgesamt 4 Birnenviertel ergeben. Jedes Viertel längs in 5 Scheiben schneiden, dabei oben am Stiel 1 cm aussparen, damit die Scheiben zusammenhalten.

Die Birnenviertel vorsichtig zum Fächer legen. Jeweils 1 Birnenviertel auf 1 gebackene Tarte legen. Die Birnen mit etwas Ahornsirup bestreichen und die Birnen-Tartes im vorgeheizten Backofen 15 Min. backen, bis die Ränder der Birnenfächer goldbraun und knusprig sind.

Zum Servieren die Birnen mit dem übrigen Ahornsirup bestreichen und die Tartes mit je 1 Kugel Vanille-Eiscreme garnieren. **FÜR 4 PERSONEN**

Ich liebe etwas so Einfaches, das SO GUT aussehen und schmecken kann. *Klebrige Birnenfächer* auf knusprigem Mandelgebäck bilden hier ein PERFEKTES TRAUMPAAR.

cashew-ENERGIEBÄLLCHEN mit *Kokos-Karamell*

250 g Cashew-Mus
120 g feine Kokosraspel plus etwas mehr zum Rollen
80 ml Ahornsirup
1 TL Vanilleextrakt

In einer Schüssel Cashew-Mus, Kokosraspel, Ahornsirup und Vanilleextrakt verrühren. Jeweils 1 gehäuften EL von der Masse abstechen und zu einem Bällchen formen; die Masse zu insgesamt 20 Bällchen verarbeiten. Die Bällchen in den extra Kokosraspeln rollen.

In einem luftdicht verschlossenen Behälter im Kühlschrank aufbewahren. **ERGIBT 20 STÜCK**

Ich wollte ein Rezept für SUPERKÖSTLICHE Energiebällchen, die *weniger Zucker* enthalten und so wunderbar EINFACH sind, dass Sie nicht einmal die Küchenmaschine anwerfen müssen. *Mission erfüllt!*

Glossar und Register

Im Glossar finden Sie Informationen zu allen Grundzutaten, die Sie IM VORRAT haben sollten, ebenso wie Erklärungen zu *ungewöhnlicheren Zutaten,* die in den Rezepten vorkommen. Außerdem gibt es einige *nützliche Hinweise* zu Maß- und Gewichtseinheiten, Temperaturen und gängigen Umrechnungen. Im Register sind alle Rezepte dieses Buches sowohl alphabetisch als auch nach ihren Hauptzutaten aufgelistet.

Agavendicksaft
Agavendicksaft ist der Saft der Agaven und hat eine milde, neutrale Süße. Er wird häufig statt Zucker, Ahornsirup oder Honig verwendet. Agavendicksaft ist im Bioladen oder im gut sortierten Supermarkt erhältlich. Heller Agavendicksaft ist im Gegensatz zu dunklem mild im Geschmack.

Ahornsirup
Ein Süßungsmittel, das aus dem Saft des Zuckerahornbaums gewonnen wird. Verwenden Sie möglichst reinen Ahornsirup, dessen Qualität in Grad A (hell) und Grad C (dunkel) angegeben wird. Ersatzprodukte werden aus Maissirup hergestellt und haben nicht den gleichen intensiven Geschmack.

Backpulver
Backtriebmittel aus Natron und/oder Weinstein. Es ist meist glutenfrei (Etikett prüfen!). Nach Ablauf des Mindesthaltbarkeitsdatums kann Backpulver seine Wirkung verlieren.

Blanchieren
Blanchieren ist eine Garmethode, die Lebensmitteln, vor allem Gemüse, eine etwas weichere Textur, eine kräftigere Farbe und einen intensiveren Geschmack verleiht. Die Zutat kurz in kochendes, nicht gesalzenes Wasser geben, herausheben und unter sehr kaltem Wasser abschrecken. Gut abtropfen lassen.

Brokkolini
Vielfach auch als Sprossenbrokkoli bekannt, ist Brokkolini eine Kreuzung aus Gai Lan (chinesischer Brokkoli) und Brokkoli. Dieses beliebte grüne Gemüse hat lange, dünne Stängel mit kleinen Röschen von süßlichem Geschmack. Er wird meist im Bund angeboten. Sie können ihn durch Brokkoli, der in kleine Röschen zerteilt wird, ersetzen.

Butter
Falls im Rezept nicht anders angegeben, sollte beim Kochen Butter bei Raumtemperatur verarbeitet werden und nicht zu weich oder halb geschmolzen sein.

Cashew-Mus
Das Mus wird aus gemahlenen Cashewkernen hergestellt und ist in den meisten Supermärkten, in Reformhäusern und Bioläden erhältlich. Das manchmal auch als Cashew-Creme bezeichnete Mus sollte für die Rezepte dieses Buches frei von künstlichen Zusätzen sein.

Chia-Samen
Die Samen stammen aus den Blüten einer Pflanze, die schon im Altertum bekannt war. Chia-Samen stecken voller Proteine, Omega-3-Fettsäuren, Mineralien und Ballaststoffe. Weiße und schwarze Chia-Samen können untereinander ausgetauscht werden und schmecken gut in Smoothies, Salaten und Backwaren. Erhältlich im gut sortierten Supermarkt.

Chilischoten
Weltweit gibt es mehr als 200 verschiedene Chilisorten. Lange rote oder grüne Schoten sind meist milder, fruchtiger und süßer, während die kleinen Chilis viel Schärfe haben. Werden Trennhäute und Kerne entfernt, sind Chilis in der Regel milder im Geschmack.

Dukkah
Eine Nuss-Gewürz-Mischung aus dem Nahen Osten. Erhältlich in manchen Supermärkten oder im Gewürzladen. Lässt sich wunderbar über Fleisch und Salate streuen oder auch für Würzkrusten verwenden.

Edamame
Diese schmackhaften zarten grünen Sojabohnen werden ausgelöst im TK-Fach von gut sortierten Supermärkten angeboten, man findet sie aber auch beim spezialisierten Gemüsehändler oder im Asienladen.

Eier
Die in diesem Buch verwendete Standardgröße ist 60 g (Gewichtsklasse M). Es ist wichtig, vor allem bei Backrezepten, Eier der entsprechenden Größe zu verarbeiten, da die Größe das Backergebnis beeinflussen kann. Zum Backen möglichst raumtemperierte Eier verwenden.

Eingelegter Ingwer
Für diese japanische Gewürzspezialität, auch als Gari bekannt, wird junger Ingwer in eine Zucker-Essig-Mischung eingelegt. Er wird bei japanischen Mahlzeiten traditionell zur Reinigung der Geschmacksknospen gereicht, ist aber zunehmend auch als pikante Zutat für Sushi-Bowls und Salate beliebt. Erhältlich im Asienladen oder gut sortierten Supermarkt.

Essig
Aceto balsamico
Der aus dem italienischen Modena stammende Essig, der auch Balsamessig genannt wird, ist in vielen Qualitäten und Geschmacksrichtungen erhältlich. Lange gereifter Balsamico ist am besten. Verwenden Sie die mildere weiße Variante für Gerichte, bei denen die Farbe eine Rolle spielt.

Apfelessig
Der bernsteinfarbene Essig wird aus fermentiertem Apfelmost hergestellt und hat einen säuerlichen Apfelgeschmack. Er wird zum Anrühren von Dressings, Marinaden und Chutneys genutzt. Für die Rezepte in diesem Buch wird Bio-Essig beziehungsweise ungefilterter (naturtrüber) Apfelessig verwendet.

Reisessig
Der Essig wird durch das Fermentieren von Reis (oder Reiswein) hergestellt und ist meist milder und süßer als Essig, der aus destilliertem Alkohol oder Trauben gewonnen wird. Reisessig gibt es als weiße, schwarze, braune und rote Variante im Supermarkt oder im Asienladen.

Weinessig
Sowohl Rot- als auch Weißwein kann zu Essig destilliert werden. Er findet in Dressings, Glasuren und für Pickles Verwendung und gehört selbstverständlich in die klassische französische Vinaigrette.

Fisch in Sashimi-Qualität
Sashimi-Qualität bedeutet, dass dies der frischeste Fisch ist, den Sie kaufen können. Er wird mit der Angel gefischt und weist deshalb keine Verletzungen auf. Am besten kaufen Sie ein Mittelstück vom Filet, das keine Haut oder Blutadern hat. Wenn Sie sichergehen wollen, dass der Fisch auch wirklich fangfrisch ist, dann kaufen Sie ihn an dem Tag, an dem Sie ihn zubereiten wollen. Wenn Sie ihn in hauchdünne Scheiben schneiden wollen, legen Sie ihn zuvor 20 Min. in den Tiefkühler.

Fischsauce
Die bernsteinfarbene Würzsauce wird aus gesalzenem, fermentiertem Fisch hergestellt und zum Würzen von thailändischen oder vietnamesischen Gerichten wie etwa Currys verwendet, aber auch in Dressings und Dips.

Freekeh
Freekeh sind geröstete unreife, d.h. „grün geerntete" Weizenkörner. Für die Rezepte in diesem Buch wird Vollkorn-Freekeh verwendet. Die Körner können in Salaten oder Taboulés verarbeitet oder wie Reis und Nudeln eingesetzt werden. Erhältlich im Supermarkt oder Bioladen. So garen Sie Freekeh:

220 g Freekeh
750 ml Wasser

Freekeh und Wasser in einem Topf bei hoher Temperatur aufkochen. Anschließend sofort einen fest schließenden Deckel auflegen und die Körner bei schwacher Hitze in 30–35 Min. weich garen. Überschüssiges Wasser abgießen. **ERGIBT 480 G**

Frühlingszwiebeln
Sowohl die weißen als auch die grünen Abschnitte dieser langen milden Zwiebeln finden in Salaten, als Garnitur oder in der asiatischen Küche Verwendung. Sie geben Gerichten eine knackige Note.

Gai Lan (chinesischer Brokkoli)
Dieses auch als Kai-lan oder chinesischer Kohl bekannte dunkelgrüne Blattgemüse, mit winzigen weißen oder gelben Blüten und festen Stängeln, kann gedämpft und blanchiert werden. Mit Austernsauce angerichtet, wird daraus eine einfache Beilage. Besonders gut macht sich Gai Lan in Suppen, Pfannengerührtem oder Schmorgerichten. Dann wird er zum Ende der Garzeit hinzugefügt. Erhältlich beim Gemüsehändler, im Asienladen oder gut sortierten Supermarkt.

Gemahlene Mandeln
Erhältlich im Backregal des Supermarkts. Gemahlene Mandeln sollten nicht mit Mandelmehl verwechselt werden, das eine feinere Konsistenz hat. Für selbst gemachte gemahlene Mandeln einfach die Mandelkerne im Mixer fein mahlen.

Granatapfelmelasse
Konzentrierter Sirup aus Granatapfelsaft, der sich durch seinen süß-herben Geschmack auszeichnet. Erhältlich im orientalischen oder türkischen Supermarkt oder auch im Feinkostladen. Falls Sie keine Melasse finden können, nehmen Sie eine hochwertige Balsamico-Glasur.

Harissa
Das nordafrikanische Würzmittel ist eine scharfe Paste aus Chili, Knoblauch und Gewürzen wie Koriander, Kümmel und Kreuzkümmel. Sie kann auch Tomate enthalten. Erhältlich ist sie in Gläsern oder Tuben im Supermarkt und in Feinkostläden. Harissa bereichert Tajines und Couscous-Gerichte. Im Dressing oder in Saucen sorgt sie für den scharfen Kick.

Hefeflocken
Die in den Rezepten verwendeten Hefeflocken bestehen aus 100% Nährhefe. Die inaktive Hefe ist vor allem zum Würzen geeignet. Sie ist ein vollständiges Protein und ideal für eine vegane Ernährungsweise. Nährhefe enthält wichtige Vitamine und Mineralien und ist reich an Vitamin B. Sie verleiht Gerichten eine würzige Umami-Note. Gibt's im Bioladen, Reformhaus oder im gut sortierten Supermarkt.

Hoisin-Sauce
Diese dickliche, süße wie salzige Sauce ist in der chinesischen Küche überall anzutreffen. Die dunkle Sauce auf Sojabasis kann als Glasur, in Saucen und als Dip verwendet werden. Erhältlich im Asienregal des Supermarkts oder im Asienladen.

Griechischer Joghurt (nach griechischer Art)
Für die Rezepte in diesem Buch wird durchgängig ungesüßter, dickcremiger griechischer Naturjoghurt mit hohem Fettgehalt verwendet. Sie finden ihn im Kühlregal des Supermarkts. Prüfen Sie auf dem Etikett,

ob er unerwünschte Süßmittel oder künstliche Aromastoffe enthält.

Kaffirlimettenblätter

Aromatische Blätter des Kaffirlimettenbaums, die durch ihre zweigeteilte Blattform auffallen. Meist werden sie angequetscht oder klein geschnitten für Thai-Gerichte verwendet. Die Blätter können Sie im Asienladen oder beim Gemüsehändler frisch oder getrocknet kaufen. Frische Blätter sind aromatischer und lassen sich gut tiefkühlen.

Käse

Bocconcini
Mundgerechte Kugeln von Mozzarella, die in einer leicht salzigen Lake angeboten werden. Da Bocconcini schnell verderben, sollten sie nach dem Öffnen innerhalb von 2–3 Tagen gegessen werden.

Büffel-Mozzarella
Diese sehr beliebte Form des frischen italienischen Mozzarellas wird aus Büffelmilch und/oder Kuhmilch hergestellt. Der cremige, leicht salzige Käse wird meist als Kugel angeboten. Zerzupft ist er eine schöne Ergänzung zum Insalata Caprese oder zur Pizza.

Burrata
Der italienische Mozzarella-Käse aus geronnener Milch wird mehrfach geknetet und gezogen. Burrata hat einen sahnig cremigen Kern und schmeckt am besten pur zu Tomaten- oder Feigensalat. Erhältlich im Feinkostladen, in gut sortierten Käsehandlungen oder im italienischen Delikatessenladen.

Halloumi
Der feste Schafmilchkäse aus Zypern hat eine zähe Konsistenz und wird meist in Lake eingelegt angeboten. In Scheiben geschnitten und goldbraun gebraten oder gegrillt, gibt er Gemüsegerichten oder Salaten eine salzige Note. Erhältlich ist er im gut sortierten Supermarkt.

Marinierter Schafskäse
Der cremige, milde Käse nach griechischer Art wird in Öl eingelegt, oftmals mit einer Mischung aus Kräutern, Knoblauch und Pfefferkörnern.

Parmesan
Der beliebte italienische Hartkäse wird aus Kuhmilch hergestellt. Parmeggiano Reggiano, die beste Qualität, wird unter strengen Auflagen in der Emilia-Romagna hergestellt und reift im Schnitt zwei Jahre. Grana Padano kommt meist aus der Lombardei und reift ca. 15 Monate.

Ricotta
Ein cremiger, leicht körniger weißer Weichkäse. Ricotta bedeutet „noch einmal gekocht“, was sich auf seine Herstellung bezieht: Die bei der Produktion anderer Käsesorten übrig gebliebene Molke wird noch einmal erhitzt. Ricotta ist frisch, cremig und fettarm. Am besten frischen Ricotta kaufen, den es im italienischen Feinkostladen oder beim gut sortierten Käsehändler gibt. Meiden Sie verpackten Ricotta, der als „weich“ bezeichnet wird.

Ziegenkäse
Ziegenkäse, auch Chèvre genannt, hat einen säuerlich-herben Geschmack. Junger Ziegenkäse ist mild und cremig und wird oftmals als Ziegenfrischkäse angeboten. Reifen Ziegenkäse finden Sie als Hart- oder Weichkäse beim Käsehändler.

Kapern

Die kleinen grünen Blütenknospen des Kapernstrauchs werden entweder in Lake oder Salz eingelegt. Kapern verleihen Saucen, Meeresfrüchten und Nudelgerichten eine salzig-saure Note. Vor der Verwendung gründlich abspülen und abtropfen lassen und mit Küchenpapier trocken tupfen.

Ketjap Manis

Auch als süße Sojasauce bekannt, ist Ketjab Manis (oder Kecap Manis) die typische indonesische Sojasauce. Sie ist dicker und süßer als normale Sojasauce. Erhältlich im Asienladen oder im Asienregal des gut sortierten Supermarkts.

Kichererbsen

Die Hülsenfrucht stammt ursprünglich aus dem westlichen Teil Asiens und dem Mittelmeerraum. Kichererbsen werden in Suppen und Eintöpfen verwendet und sind die Grundzutat für Hummus. Getrocknete Kichererbsen müssen vor dem Verarbeiten eingeweicht werden. Kichererbsen aus der Dose werden nur abgespült und gut abgetropft.

Kohl

Chinakohl
Auch Peking- oder Selleriekohl genannt, fällt der Chinakohl durch seine längliche Form und gekrausten grünweißen Blätter auf. Er wird häufig für Nudelsalate oder zur Zubereitung von Kimchi verwendet. Erhältlich im Asienladen oder beim Gemüsehändler.

Weißkohl
Die hellgrünen oder weißen Blätter bilden einen kompakten festen Kopf. Wird meist als ganzer Kopf oder halbiert verkauft und ist perfekt für den klassischen Krautsalat. Wählen Sie feste, unverletzte Köpfe mit knackigen Blättern.

Kokosnuss

Feine Kokosraspel
Die Raspel sind das geraspelte Kokosfleisch, das getrocknet

wurde, um ihnen die Feuchtigkeit zu entziehen. Sie sind ungesüßt und ein wenig pulverartig. Kokosraspel sind großartig zum Backen und für herzhafte asiatische Saucen und Sambals.

Grobe Kokosraspel
Sie sind etwas größer als feine Kokosraspel und ideal, um Gebäck oder Kuchen mehr Textur zu verleihen. Sie werden auch zur Zubereitung von Würzmitteln verwendet, die zu Currys gereicht werden.

Kokoscreme
Nach der ersten Pressung der Kokosmilch setzt sich die Kokoscreme an der Oberfläche ab. Sie ist fett- und energiereicher als Kokosmilch und wird für Currys, asiatische Gerichte und Süßspeisen verwendet. Kokoscreme gibt es in Dosen oder auch im Karton im gut sortierten Supermarkt oder Asienladen.

Kokosflocken
Kokosflocken sind größer und zäher als Kokosraspel. Sie werden häufig zum Garnieren, im Müsli und zum Backen verwendet. Es gibt sie fertig geröstet mit hübschem goldbraunem Rand im Supermarkt.

Kokosjoghurt
In letzter Zeit wird Kokosjoghurt immer häufiger angeboten, da er eine milchfreie, also vegane Joghurtalternative ist. Er wird aus Kokosmilch und probiotischen Kulturen hergestellt. Erhältlich im Kühlregal des gut sortierten Supermarkts und im Bioladen.

Kokosmilch
Eine süße, milchige Flüssigkeit, die aus eingeweichtem geraspeltem frischem Kokosfleisch hergestellt wird. Oder man weicht Kokosraspel in warmem Wasser ein und drückt sie anschließend durch ein Passiertuch. Erhältlich in Dosen oder Kartons im Supermarkt oder Asienladen. Kokosmilch sollte nicht mit Kokoswasser verwechselt werden, dem klaren Saft im Innern junger Kokosnüsse. Die Rezepte in diesem Buch wurden mit Kokosmilch aus dem Karton zubereitet, da diese in der Regel von besserer Qualität ist.

Kokoszucker
Siehe Zucker, Kokoszucker

Koriandergrün
Das aromatische grüne Kraut ist in der asiatischen und in der mexikanischen Küche weit verbreitet. Die fein gehackten Wurzeln sind häufig Bestandteil von Currypasten. Frische Korianderblätter können nicht durch getrocknete Koriandersamen ersetzt werden.

Kürbiskerne
Geschälte Kürbissamen geben den Blick auf die olivgrünen Kerne frei, die getrocknet mit einem nussigen Geschmack überzeugen. Für Smoothies, Backwaren oder Salate. Erhältlich im Supermarkt.

Labneh
Ein weicher Frischkäse aus abgetropftem Joghurt. Den cremigen Käse aus dem Nahen Osten gibt es in Bechern im Kühlregal des gut sortierten Supermarkts oder im (türkischen) Feinkostladen.

Mandelmus
Diese Paste wird aus gemahlenen Mandeln hergestellt. Erhältlich im gut sortierten Supermarkt, Bioladen und Reformhaus. Das Mus ist für Erdnussallergiker eine beliebte Alternative zu Erdnussbutter (bitte immer das Etikett lesen!). Manchmal wird Mandelmus als „Aufstrich" angeboten. Das für die Rezepte in diesem Buch verwendete Mandelmus ist frei von künstlichen Zusatzstoffen.

Mangold
Das Blattgemüse mit großen, gewellten, glänzend dunkelgrünen Blättern und auffälligen weißen, roten oder gelben Stängeln und Blattrippen ist reich an Nährstoffen. Es kann für Salate, Suppen, Pies und als gedämpfte Gemüsebeilage verwendet werden. Den Mangold vor der Zubereitung putzen und waschen.

Meerrettich
Scharfes Wurzelgemüse, das Senföle freisetzt, wenn es gerieben oder geschnitten wird. Meerrettich gibt es frisch beim Gemüsehändler. Sie können frischen Meerrettich auch durch geriebenen oder cremigen Meerrettich aus dem Glas ersetzen.

Mehl
Buchweizenmehl
Trotz seines Namens wird Buchweizenmehl nicht aus Getreide, sondern aus den Samenkörnern einer mit dem Rhabarber und dem Sauerampfer verwandten Pflanze hergestellt. Wegen seines nussigen Aromas und seiner gesunden Eigenschaften häufig für Pfannkuchen oder Nudeln verwendet. Buchweizenmehl ist zudem glutenfrei.

Dinkelmehl
Gemahlen aus einer alten Getreidesorte, besitzt Dinkelmehl mehr Nährstoffe und wird von vielen besser vertragen als normales Weizenmehl.

Reismehl
Reismehl ist feines Mehl aus gemahlenem Reis. Es gibt weiße und braune Sorten, und das Mehl wird häufig als Verdickungsmittel und zum Backen von Keksen und Shortbread verwendet. In der asiatischen Küche nutzt man Reismehl zum Panieren. Es ist

glutenfrei und im Supermarkt oder Bioladen erhältlich.

Speisestärke
Feine Speisestärke ist reine Maisstärke, die aus gemahlenem Mais hergestellt wird. Sie ist glutenfrei. In einigen Rezepten muss die Speisestärke als Binde- oder Verdickungsmittel vorher mit etwas Wasser angerührt werden.

Vollkornmehl
Aus dem ganzen Korn gemahlen und voll gesunder Nähr- und Ballaststoffe. Gibt es, auch in Bio-Qualität, im Supermarkt und Bioladen.

Weizenmehl
Wird aus dem gemahlenen Mehlkörper von Weizen hergestellt.

Mirin (japanischer Reiswein)
Mirin ist ein blassgelber, süßer, würziger Kochwein aus Japan und wird aus Klebreis und Alkohol hergestellt.

Misopaste
Die traditionelle japanische Würzpaste wird aus fermentiertem Reis, fermentierter Gerste oder fermentierten Sojabohnen hergestellt. Sie wird zum Abschmecken von Saucen und Aufstrichen verwendet und, mit Dashi-Brühe vermischt, als Misosuppe serviert. Häufig nur Miso genannt, gibt es sie als weiße, gelbe oder rote Paste, wobei der Geschmack mit der Farbe intensiver wird. Für alle Rezepte in diesem Buch wird weiße Misopaste (Shiro) verwendet. Sie ist besonders fein in Geschmack und Farbe. Misopaste gibt es im gut sortierten Supermarkt und im Asienladen.

Natron
Auch als Backnatron, Kaisernatron oder Natriumbicarbonat bekannt, ist Natron ein basisches Pulver, das als Backtriebmittel dient oder Säuren neutralisiert.

Nori
Die hauchdünnen Blätter aus getrockneten Algen kennt man meist als Sushi-Rollen. Sie stecken voller Proteine und Mineralien. Nori-Blätter können aber auch klein gehackt in Suppen oder als Garnitur verwendet werden. Sie sind im gut sortierten Supermarkt, beim spezialisierten Gemüsehändler und natürlich im Asienladen erhältlich. Es gibt auch geröstete Nori-Blätter.

Nudeln
Sie sollten immer einen Vorrat an getrocknete Nudeln haben, wenn's mal schnell gehen muss. Die meisten frischen Nudeln halten sich bis zu einer Woche im Kühlschrank. Es gibt sie im gut sortierten Supermarkt oder im Asienladen.

Glasnudeln
Diese feinen Fadennudeln sind sehr dünn und durchsichtig. In kochendem Wasser quellen und anschließend gut abtropfen lassen.

Reisnudeln
Feine getrocknete Nudeln sind in der Küche Südostasiens sehr gebräuchlich. Je nach ihrer Dicke werden Reisnudeln nur kurz gegart oder in kochendem Wasser eingeweicht, bis sie weich sind.

Reis-Vermicelli
Sehr feine getrocknete Reisnudeln. Sie werden manchmal als Reissticks bezeichnet und finden in Suppen wie Laksa oder in Salaten Verwendung.

Soba-Nudeln
Die japanischen Nudeln aus Buchweizen- und Weizenmehl sind graubraun und werden in kalten Salaten oder in scharfen Suppen verwendet.

Udon-Nudeln
Die dicken japanischen Weizennudeln kommen vor allem in Suppen zum Einsatz.

Öl
Mildes Olivenöl extra vergine
Das hochwertigste Olivenöl wird ausschließlich aus der ersten Kaltpressung mild schmeckender Oliven hergestellt.

Olivenöl extra vergine (natives Olivenöl extra)
Nach Geschmack, Aroma und Säuregehalt in Güteklassen eingeteilt. Olivenöl extra vergine bezeichnet die höchste Qualität; es enthält weniger als 1% Säure; vergine (nativ) ist die zweitbeste Qualität mit höchstens 1,5% Säure. Flaschen, die nur mit „Olivenöl" etikettiert sind, enthalten eine Mischung aus raffiniertem Öl und unraffiniertem Olivenöl vergine. Oliventresteröl ist die minderwertigste Qualität und sollte geschmacklich nicht mit mildem Olivenöl extra vergine verwechselt werden.

Sesamöl
Das aus Sesamsamen gepresste Öl wird in der asiatischen Küche verwendet. Es liefert vor allem nussige Würze und Geschmack und ist nicht unbedingt ein normales Öl zum Kochen und Braten.

Speiseöl
Öle aus Pflanzen oder Samen mit einem sehr milden, neutralen Geschmack. Oftmals taucht es deshalb auch in der Zutatenliste von Muffins und Rührkuchen auf.

Traubenkernöl
Als Nebenprodukt bei der Weinherstellung wird Traubenkernöl aus den gepressten Kernen der Weintrauben gewonnen. Es hat einen überraschend neutralen Geschmack.

Wählen Sie ein kalt gepresstes Traubenkernöl. Erhältlich in den meisten Supermärkten.

Pak Choi
Das milde grüne Blattgemüse mit knackigen weißen Stängeln und breiten, leuchtend grünen Blättern ist auch als chinesischer Mangold oder chinesischer Blätterkohl bekannt. Das Gemüse putzen und dann am besten leicht dämpfen, frittieren oder blanchieren. Passt gut zu asiatischen Reis-, Nudel- oder Wok-Gerichten.

Paprikapulver, geräuchertes
Im Gegensatz zum edelsüßen ungarischen Paprikapulver ist die spanische Version, *pimentón* genannt, sehr intensiv und rauchig im Geschmack. Es wird aus geräucherten, gemahlenen Paprikaschoten hergestellt und in unterschiedlichen Schärfegraden angeboten: von süß und mild *(dulce)*, bittersüß-mittelscharf *(agridulce)* bis scharf *(picante)*. Die in diesem Buch verwendete Sorte ist rauchig-süß.

Quinoa
Das getreideähnliche Samenkorn steckt voller Proteine und hat eine etwas zähe Textur, einen nussigen Geschmack und gegart eine locker luftige Konsistenz. Verwenden Sie Quinoa wie Couscous oder Reis. Sie lässt sich gut tiefkühlen, sodass Reste portionsweise eingefroren werden können. Rote und schwarze Sorten müssen etwas länger garen, sind aber ebenfalls in den meisten Supermärkten erhältlich. So garen Sie Quinoakörner:

180 g weiße Quinoa
310 ml Wasser
Meersalzflocken

Quinoa, Wasser und 1 Prise Salz in einem mittelgroßen Topf aufkochen. Sofort einen fest sitzenden Deckel auflegen und bei schwacher Hitze in 12 Min. knapp weich garen. Den Topf vom Herd nehmen und die Quinoa 8 Min. ausquellen lassen, bis sie weich ist. **ERGIBT 440 G**

Quinoaflocken
Quinoaflocken sind einfach nur gedämpfte Quinoakörner, die zu Flocken gewalzt wurden. Lecker im Müsli oder im Gebäck. Erhältlich im Bioladen oder im gut sortierten Supermarkt.

Reis
Aborio
Ein Rundkornreis, der beim Garen innen fest und außen weich wird. Seine Oberflächenstärke sorgt für eine cremige Konsistenz im Risotto, wenn dieser bissfest gegart wird. Gibt es meist im Supermarkt oder im italienischen Feinkostladen.

Naturreis
Naturreis unterscheidet sich von weißem Reis, da bei ihm Kleie und Keim des vollen Korns erhalten sind. Deshalb enthält er mehr Nährstoffe und überzeugt durch eine nussige Klebrigkeit. So garen Sie Naturreis:

200 g Naturreis
375 ml Wasser
Meersalzflocken

Reis, Wasser und 1 Prise Salz in einem mittelgroßen Topf bei starker Hitze aufkochen. Einen fest schließenden Deckel auflegen und den Reis bei schwacher Hitze 25 Min. köcheln lassen, bis er knapp weich ist. Den Topf vom Herd nehmen und den Reis 10 Min. ausquellen lassen. **ERGIBT 400 G**

Schwarzer Reis
Dieser sehr nährstoffreiche Reis ist auch als „verbotener Reis“ bekannt, da er früher nur dem chinesischen Kaiserhaus vorbehalten war und von Normalsterblichen nicht gegessen werden dufte. Die schwarze Farbe lässt sich durch die hohen Mengen des Antioxidans Anthocyan erklären. Schwarzer Reis enthält mehr Protein als andere Reisorten und ist ein guter Eisenlieferant. So garen Sie schwarzen Reis:

300 g schwarzer Reis
875 ml Wasser

Reis und Wasser in einem Topf bei starker Hitze aufkochen. Einen fest schließenden Deckel auflegen und den Reis bei schwacher Hitze in 35 Min. weich garen. **ERGIBT 875 G**

Rohkakao
Rohkakao wird aus tropischen Kakaobohnen gewonnen, die kalt gepresst werden. Er wird als Nibs oder Pulver angeboten und hat einen intensiven, dunklen und angenehm bitteren Geschmack. Erhältlich im Bioladen oder im Supermarkt.

Salbei
Dieses mediterrane Würzkraut hat einen unverwechselbaren aromatischen Duft und weiche, ovale graugrüne Blätter. Salbei wird häufig in der italienischen Küche verwendet, etwa knusprig in Butter oder Öl in der Pfanne gebraten.

Sauerampfer
Das wild wachsende Kraut hat ein ausgeprägt säuerliches Aroma. Die rot geäderten Blätter des Blutampfers sind eine hübsche und nährstoffreiche Ergänzung eines jeden Salats. Blutampfer finden Sie bei Ihrer Gärtnerei vor Ort.

Schokolade
Die in diesem Buch verwendete dunkle Schokolade hat einen Kakaoanteil

von 70%. Der Kakaoanteil ist bei diesen Bitterschokoladen auf der Packung angegeben. Sie haben einen herben, kräftigen Geschmack sowie eine feste Konsistenz und sind zum Backen ideal. Als Bitterkuvertüre zu finden im Backregal des Supermarkts.

Schwarzkohl (Cavolo nero)
Das auch als „toskanischer Kohl“ oder Palmkohl bezeichnete dunkle Blattgemüse erinnert an Mangold und ist reich an Nährstoffen.

Sesamsamen
Die kleinen Samen haben einen nussigen Geschmack und können für herzhafte und süße Gerichte verwendet werden. Weißer Sesam ist am gebräuchlichsten, doch schwarzer, d.h. ungeschälter Sesam ist in der asiatischen Küche als Panade beliebt.

Shaoxing (chinesischer Kochwein)
Ähnelt einem trockenen Sherry und ist eine Mischung aus Klebreis, Hirse, einer speziellen Hefe und Quellwasser aus der nordchinesischen Region Shaoxing. Der Kochwein wird zum Würzen verschiedener Saucen und Dressings verwendet. Erhältlich im Asienladen oder im gut sortierten Supermarkt.

Shiso-Blätter
Das auch Perilla genannte Kraut wird als grün- oder violettblättrige Sorte angeboten. Die Blätter haben einen feinen pfeffrigen Geschmack und werden häufig zum Einwickeln von Zutaten verwendet. Die Mini-Variante eignet sich als hübsche Garnitur. Erhältlich beim Gemüsehändler, in Gärtnereien oder auf Asia-Märkten.

Sonnenblumenkerne
Die kleinen grauen Kerne aus dem schwarz-weißen Samen der Sonnenblumen werden meist zu Öl gepresst. Die Kerne findet man in Snackmischungen und Müslis; sie können im Brot oder Gebäck mitgebacken werden. Sonnenblumenkerne gibt es im Supermarkt.

Sriracha-Sauce
Die scharfe Sauce aus Chili, Salz, Zucker, Essig und Knoblauch bezeichnet nicht nur eine beliebte amerikanische Marke, sondern auch allgemein eine südostasiatische Sauce. Verwenden Sie Sriracha als Würzmittel oder in Marinaden. Erhältlich im Supermarkt oder Asienladen.

Sumach
Die getrockneten Beeren des Gewürzsumach-Strauchs werden zu einem säuerlichen, purpurnen Pulver vermahlen, das im Nahen Osten sehr beliebt ist. Sumach hat ein feines Zitronenaroma und eignet sich zum Würzen von Salaten, Dips oder Hähnchen. Erhältlich im Gewürzladen und in einigen Supermärkten.

Tahin
Die sämige Paste aus gemahlenen Sesamsamen ist in der Küche des Nahen Ostens sehr verbreitet. Es gibt Tahin aus geschältem und ungeschältem Sesam. Für die Rezepte in diesem Buch wird weißes Tahin aus geschältem Sesam verwendet, das etwas cremiger ist. Meist im Glas angeboten und im Supermarkt oder Bioladen erhältlich.

Tamarisauce
Die japanische Sauce ist auch als glutenfreie Sojasauce bekannt. Tamari ist jedoch dunkler und dickflüssiger als normale Sojasauce und hat einen ausgewogenen Geschmack. Die meisten Tamarisaucen sind zwar glutenfrei, doch Sie sollten immer das Etikett prüfen. Erhältlich im Asienladen oder Supermarkt.

Teig
Bereiten Sie den Teig selbst zu oder greifen Sie auf gute Fertigteige aus dem Kühlregal des Supermarkts zurück, etwas bei Mürbeteig oder Filoteig, die tiefgekühlt als Block oder als fertig ausgerollte Teigplatten angeboten werden. TK-Teig muss vor der Verwendung im Kühlschrank aufgetaut werden.

Blätterteig und Butterblätterteig
Dieser Teig ist recht schwierig und aufwendig in der Herstellung, weshalb viele Köche und Bäcker fertigen Blätterteig wählen. Er ist als Block beim Konditor oder als Block und Teigplatte im Supermarkt erhältlich. Butterblätterteig ist sehr luftig und flockig, somit perfekt für herzhafte und süße Pies und Tartes. Oftmals als „reiner Butterblätterteig“ etikettiert, sind Teigplatten von guter Qualität meist etwas dicker. Falls Sie nur dünne Butterblätterteigplatten kaufen können, dann legen Sie einfach zwei Teigplatten übereinander.

Tofu
Tofu ist nicht gleich Tofu. Für die Rezepte in diesem Buch wird entweder fester Tofu oder Seidentofu verwendet. Diesen finden Sie im Kühlregal des Supermarkts oder im Asienladen. Wählen Sie möglichst einen nicht genmanipulierten Bio-Tofu. Tofu variiert in Textur und Geschmack, deshalb sollten Sie verschiedene Marken ausprobieren, bis Sie Ihren Lieblingstofu gefunden haben. Tofu liefert viel Protein und nimmt wie ein Schwamm andere Aromen auf.

Vanille
Vanilleextrakt
Für einen natürlichen Vanillegeschmack sollten Sie ein Vanilleextrakt von guter Qualität verwenden und keine Essenz oder ein Aroma-Imitat.

Vanillepaste
Die küchenfertige Paste ist eine gute Alternative zu ganzen Vanilleschoten und wunderbar in Desserts. Ein Teelöffel der Paste ersetzt eine Vanilleschote.

Vanilleschoten
Die duftenden getrockneten Schoten der Vanilleorchidee werden als ganze Schoten verwendet oder sie werden längs aufgeschnitten und ihr Mark wird herausgekratzt. Sie geben Cremes und anderen Süßspeisen ein reiches, rundes Vanillearoma.

Vincotto
Wörtlich mit „Kochwein" übersetzt, ist Vincotto ein dunkler Traubensirup mit vollmundigem, süß-saurem Geschmack. Verwenden Sie ihn wie einen Balsamessig. Sie finden Vincotto in der Abteilung mit Würzmitteln im Supermarkt oder im italienischen Feinkostladen.

Wasabipaste
Die zartgrüne, scharfe japanische Paste erinnert an Meerrettich und ist eine Zutat und ein beliebtes Würzmittel für Sushi. Sie wird u.a. in Tuben im asiatischen Lebensmittelladen und im gut sortierten Supermarkt angeboten.

Xanthan
Xanthan ist ein neutrales veganes Verdickungsmittel und ein Stabilisator ähnlich wie Gelatine. Er wird in Pulverform angeboten und dient zum Andicken von Eiscremes. Zugleich verbessert Xanthan auch die Elastizität glutenfreier Backwaren. Erhältlich im gut sortierten Supermarkt.

Zitronengras
Die langen, nach Zitrone duftenden Stängel werden in der asiatischen Küche, vor allem in der Thai-Küche, vielseitig eingesetzt. Die äußeren Hüllblätter werden entfernt und die zarten weißen Wurzelenden fein gehackt. Größere Abschnitte kommen beim Kochen mit in den Topf und werden vor dem Servieren entfernt. Werden größere Stücke mitgegart, werden diese vorher ein wenig flach geklopft, um das Aroma freizusetzen.

Zucker
Aus dem Saft der Zuckerrübe oder des Zuckerrohrs gewonnene Kristalle. Zucker wird als Süßungsmittel, Geschmacksverstärker und Konservierungsmittel eingesetzt.

Brauner Zucker
Er kann in der Farbe leicht variieren – von Hellbraun bis Dunkelbraun. Brauner Zucker ist ein weißer Zucker, dem Melasse zugesetzt wurde. Das Verhältnis, oder der Prozentanteil, von Melasse zum Zucker bestimmt, ob er als hell oder dunkel bezeichnet wird. Durch die Melasse bekommt der Zucker seinen warmen Karamellgeschmack und seine weiche, leicht feuchte Textur. Heller und dunkler Zucker sind gegeneinander austauschbar. Als wichtige Zutat für Gebäck, Desserts, feste Kuchen und Brownies ist brauner Zucker im Supermarkt erhältlich.

Kokoszucker
Er besitzt ein erdiges, karamelliges Aroma und wird aus der Blüte der Kokospalme gewonnen. Kokoszucker sorgt für einen schön intensiven Geschmack. Erhältlich im gut sortierten Supermarkt, im Bioladen und Asienladen.

Kristallzucker
Dieser Zucker wird zum Backen verwendet, vor allem, wenn eine feine Textur nicht dringend notwendig ist. Die Kristalle sind etwas größer und müssen ausreichend geschlagen, mit Flüssigkeit verarbeitet und erhitzt werden, damit sie sich auflösen.

Rohrohrzucker
Hellbraun in der Farbe und honigähnlich im Geschmack ist Rohrohrzucker weniger stark raffiniert als weißer Zucker und gröber gekörnt. Die Süße ist intensiver, seine Farbe schön für Gebäck. Er kann durch Demerara-Zucker ersetzt werden.

Weißer Zucker, extrafein
Extrafeiner weißer Zucker sorgt für eine feine Textur von Backwaren. Das ist bei vielen Kuchen und Desserts oftmals sehr wichtig für ein gutes Gelingen. Der feine Zucker ist fester Bestandteil von Baisers, denn die feinen Körner lösen sich im geschlagenen Eiweiß sehr gut auf.

Globale Maßeinheiten

Maßeinheiten sind in Europa und Amerika unterschiedlich, und selbst zwischen Australien und Neuseeland können sie variieren.

Metrische und imperiale Maßeinheiten

Die Tassen- und Löffelmaße können von Land zu Land variieren, aber meist sind die Unterschiede nicht so erheblich, als dass sie das Gelingen eines Rezepts beeinflussen. Die Rezepte in diesem Buch verwenden australische Maßeinheiten (mit den amerikanischen Entsprechungen). Eine australische Tasse entspricht 250 ml .

Ein australischer metrischer Teelöffel entspricht 5 ml, ein australischer Esslöffel entspricht 20 ml, also 4 TL. In den USA, in Neuseeland und in Großbritannien werden Esslöffel von 15 ml (3 TL) verwendet.

Beim Abmessen trockener Zutaten füllen Sie den Messbecher immer lose und streichen Sie die Oberfläche mit dem Messer glatt. Die Zutaten nicht fest zusammenpressen, es sei denn, es ist im Rezept ausdrücklich angegeben.

Flüssige und feste Zutaten

Messbecher, Messlöffel und eine Waage sind unverzichtbare Küchenhelfer. Diese Umrechnungen dienen als Leitfaden.

Flüssige Zutaten

Tasse	Metrisch	Imperial
⅛ Tasse	30 ml	1 fl oz
¼ Tasse	60 ml	2 fl oz
⅓ Tasse	80 ml	2¾ fl oz
½ Tasse	125 ml	4¼ fl oz
⅔ Tasse	160 ml	5½ fl oz
¾ Tasse	180 ml	6 fl oz
1 Tasse	250 ml	8½ fl oz
2 Tassen	500 ml	17 fl oz
3 Tassen	750 ml	25 fl oz
4 Tassen	1 l	34 fl oz

Feste Zutaten

Metrisch	Imperial
20 g	¾ oz (Unze)
60 g	2 oz
125 g	4½ oz
180 g	6¼ oz
250 g	8¾ oz
450 g	1 lb (Pfund)
750 g	1 lb 10 oz
1 kg	2 lb 3 oz

Weitere Umrechnungen von Maßeinheiten

Hier noch weitere vereinfachte Umrechnungen für metrische und imperiale Maßeinheiten.

Millimeter – Inch

Metrisch	Imperial
3 mm	⅛ Inch (Zoll)
6 mm	¼ Inch
1 cm	½ Inch
2,5 cm	1 Inch
5 cm	2 Inches
18 cm	7 Inches
20 cm	8 Inches
23 cm	9 Inches
25 cm	10 Inches
30 cm	12 Inches

Ofentemperaturen

Die richtige Temperatur des Backofens ist entscheidend für ein gutes Gelingen beim Backen.

Celsius – Fahrenheit

Celsius	Fahrenheit
100 °C	200 °F
120 °C	250 °F
140 °C	275 °F
150 °C	300 °F
160 °C	325 °F
180 °C	350 °F
190 °C	375 °F
200 °C	400 °F
220 °C	425 °F

Elektroherd – Gasherd

Grad Celsius	Gas Stufe
110 °C	¼
130 °C	½
140 °C	1
150 °C	2
170 °C	3
180 °C	4
190 °C	5
200 °C	6
220 °C	7
230 °C	8
240 °C	9
250 °C	10

Butter und Eier

„Je frischer, desto besser“ – das sollte immer das Motto sein, insbesondere wenn es um Eier und Milchprodukte geht.

Butter

In den Rezepten dieses Buchs wird ungesalzene Butter verwendet. Ob Sie dabei Süßrahm-, Sauerrahm- oder mildgesäuerte Butter verwenden, bleibt Ihrem Geschmack überlassen. Wichtig ist, dass Butter, vor allem zum Backen, immer ganz frisch sein sollte. Häufig wird Süßrahmbutter für süße Speisen und Sauerrahmbutter für herzhaftere Gerichte verwendet. Kaufen Sie möglichst Bio-Butter.

Eier

Sofern nicht anders angegeben, verwenden wir in den Rezepten dieses Buches Hühnereier der Gewichtsklasse M, das entspricht etwa 60 g. Eier sollten möglichst in ihrem Karton im Kühlschrank aufbewahrt werden. So bleiben sie am längsten frisch. Verwenden Sie für Rezepte, in denen rohe oder nur kurz gekochte Eier vorkommen (wie etwa bei Mayonnaisen und Dressings), absolut frische Eier. Eier können mit Salmonellen verunreinigt sein, die besonders für Kinder, Schwangere oder ältere Menschen gefährlich sind.

Nützliche Gewichte

Hier einige einfache Gewichtsumrechnungen für Tassen von häufig verwendeten Zutaten.

Häufige Zutaten

gemahlene Mandeln
1 Tasse | 120 g

brauner Zucker
1 Tasse | 175 g

weißer Kristallzucker
1 Tasse | 220 g

extrafeiner weißer Zucker
1 Tasse | 220 g

Puderzucker
1 Tasse | 160 g

Weizenmehl (Type 405)
1 Tasse | 150 g

frische Semmelbrösel
1 Tasse | 70 g

fein geriebener Parmesan
1 Tasse | 80 g

nicht gegarter weißer Reis
1 Tasse | 200 g

gegarter weißer Reis
1 Tasse | 165 g

nicht gegarter Couscous
1 Tasse | 200 g

Oliven
1 Tasse | 150 g

danke

Man braucht immer ein Team von außergewöhnlichen Talenten, um ein Kochbuch zu einem runden Ganzen zusammenzufügen. Noch nie zuvor in meiner Karriere entstand ein Buch unter derart beispiellosen Bedingungen. Ich bin den folgenden Personen sehr dankbar für ihr Engagement und ihre Macherqualitäten unter diesen Lebensumständen.

Con Poulus – für deine ruhige und umsichtige Arbeit. Dieses wundervolle Licht, das auf die Bilder fällt, deine beruhigende Geduld und Hingabe, um die perfekten Aufnahmen zu machen. Jeder Tag, den ich mit dir im Studio verbringen darf, ist mir ein Vergnügen.

Hannah Schubert – du bist so viel mehr als die Senior Designerin, als die du im Impressum stehst: Du bist Hinweisgeberin für Rezepte, Testesserin, Produktions- und Studio-Managerin und Erschafferin purer Magie. Ich habe großen Respekt vor den vielen Rollen, die du so mühelos ausfüllst, deinem Blick für Perfektion und dafür, dass du uns stets den Weg weist. Du bist wirklich die wunderbarste Buchmacherin. Ein großes Dankeschön.

Genevieve McKelvey, meine bewährte Kreativ-Direktorin – deine feine Handschrift ist immer hochgeschätzt.

Dani Bertollo, meine Lektorin – es ist äußerst beruhigend, eine solch leidenschaftliche Feinschmeckerin an meiner Seite zu wissen, die das Team mit so viel Wissen und Erfahrung unterstützt.

Peta Dent, Madeleine Jeffreys, Sarah Watson, Sandy Goh, Melissa Burge – ich weiß eure kreativen Talente (Lachen und gute Stunden) und die Genauigkeit beim Kochen sehr zu schätzen. Ihr seid die wahren Background-Tänzerinnen! Ich verbeuge mich vor euch.

Bei Harper Collins Publishers danke ich besonders Catherine Milne, Janelle Garside und Belinda Yuille für ihr unerschöpfliches Engagement und ihren Glauben an mich.

Ein großer Dank auch meinen treuen Markenpartnern: Smeg, Cobram Estate und Cloudy Bay. Bedanken möchte ich mich bei der Keramikerin Marjoke de Heer in Amsterdam – deine wundervollen Stücke lassen dieses Buch leuchten. Du bist ein so großzügiger und liebenswerter Mensch. MCM House – danke für meine Lifestyle-Dekorationen.

Ein Dankeschön meinem Traumteam: Karen Hay – für alles, was mit Finanzen und Zahlen zu tun hat (für Kreative ein Traum). Morgan Lee – du kümmerst dich um Sponsoren und Kooperationen und wirst in Sekunden zum Supermodel. Was für ein Talent!

Last but not least geht ein riesiger Dank an meine Jungs (groß und klein), meine Familie und meine großartigen Freunde – ihr gebt mir all die Unterstützung und Liebe, die ich mir nur wünschen kann.

Während wir an diesem Buch arbeiteten, wurden wir durch das Coronavirus von einer weltweiten Pandemie ergriffen. Ich weiß nicht, was die Zukunft bringen wird, während alle geschäftlichen Aktivitäten heruntergefahren werden und wir aus der Ferne gemeinsam an diesem Buch arbeiten. Ich weiß nur, dass es nie zuvor so wichtig war, auf unseren Körper zu achten und ihn gut zu versorgen, und freundlich zu uns und der Welt zu sein. Das Porträt von mir lasse ich immer erst ganz am Ende fotografieren – nur diesmal war es zu spät! Stattdessen habe ich besondere junge Freunde gebeten, die sicher im eigenen Zuhause waren, ein Bild von mir zu malen. Ich glaube, sie sagen alles und noch viel mehr! Dx

über

DONNA

Als Australiens *führende Kochbuch- und dazu Bestseller-Autorin* hat sich Donna Hay längst in die Herzen und in nahezu jede Küche ihrer Landsleute und weit darüber hinaus gekocht.

In der internationalen Verlagswelt steht ihr Name für Kochbücher, die mit einfachen und dennoch INSPIRIERENDEN REZEPTEN und mit einer fantastischen Bildsprache überzeugen. Ihr gefeiertes Magazin umfasst sage und schreibe 100 Ausgaben, ihre Bestseller-Kochbücher haben sich *weltweit mehr als sieben Millionen Mal* verkauft.

Der Name Donna Hay steht neben Büchern für eine *beeindruckende digitale Präsenz*, für TV-Serien, Merchandise-Artikel und für ein Sortiment an Backmischungen, das in australischen Supermärkten erhältlich ist.

Donna ist stolze Mutter zweier Teenager-Jungs, genießt es, in der Nähe des Meers zu leben, und kocht jeden Tag immer noch mit Begeisterung.